Mañjuvajramukhyākhyāna, 1a (top), 2a (middle), 3a (bottom)

Mañjuvajramukhyākhyāna, 1b (top), 2b (middle), 3b (bottom)

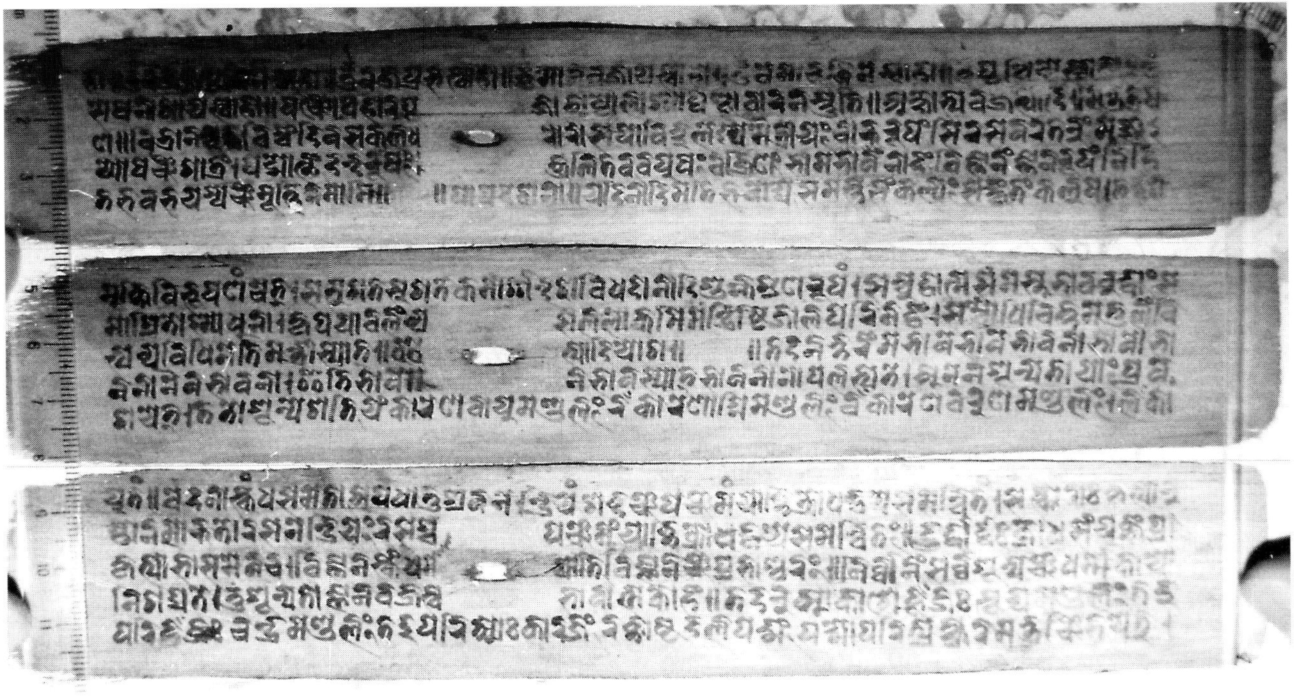

Mañjuvajramukhyākhyāna, 4a (top), 5a (middle), 6a (bottom)

Mañjuvajramukhyākhyāna, 4b (top), 5b (middle), 6b (bottom)

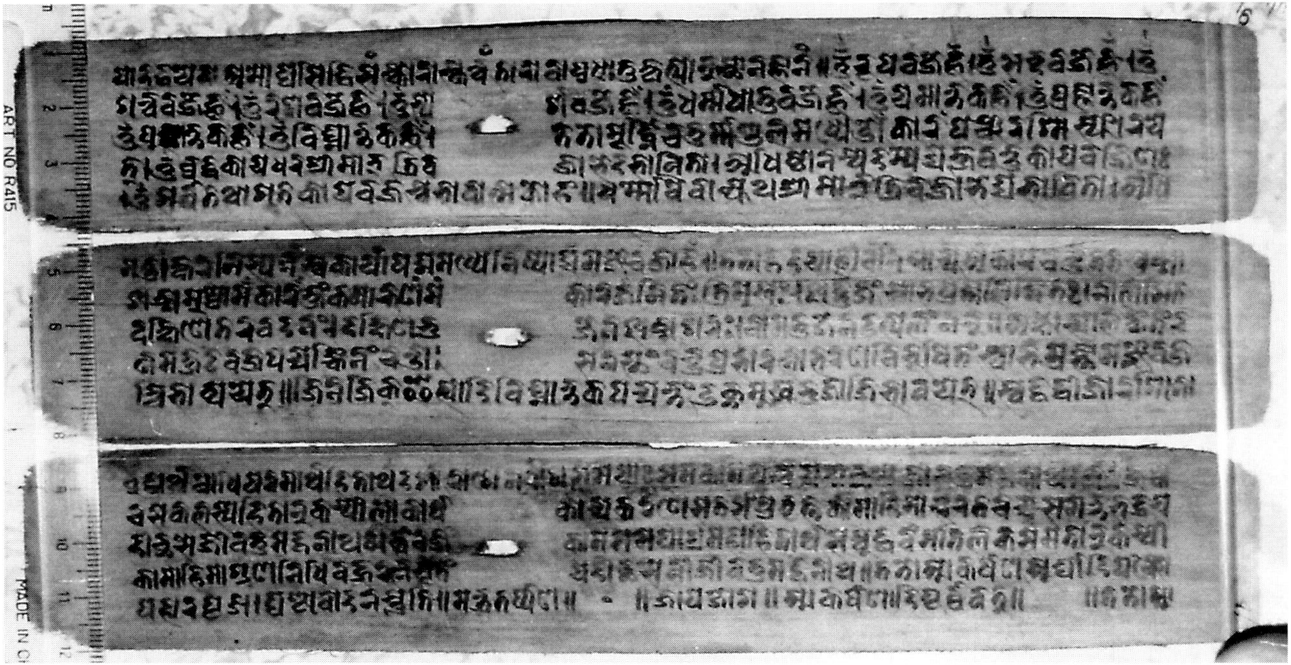

Mañjuvajramukhyākhyāna, 7a（top）, 8a（middle）, 9a（bottom）

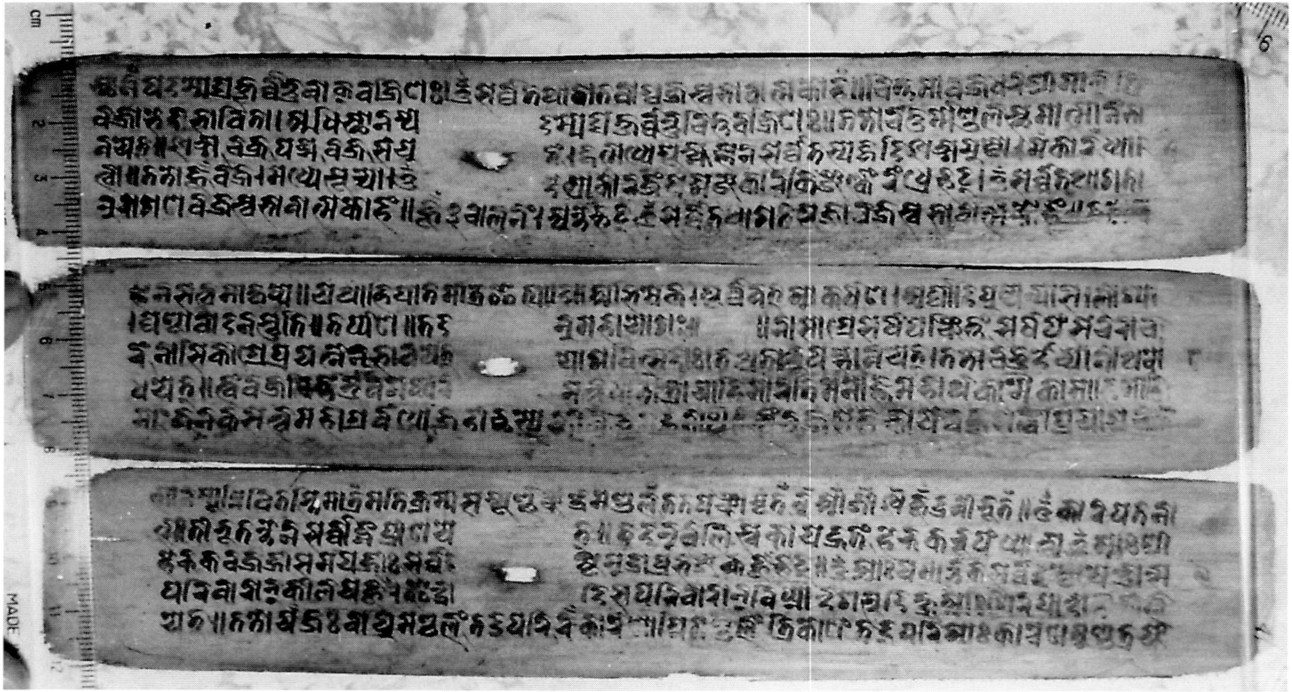

Mañjuvajramukhyākhyāna, 7b (top), 8b (middle), 9b (bottom)

Mañjuvajramukhyākhyāna, 10a (top), 11a (middle), 12a (bottom)

Mañjuvajramukhyākhyāna, 10b (top), 11b (middle), 12b (bottom)

梵文『文殊金剛口伝』研究

田中公明

The *Mañjuvajramukhyākhyāna*, A ritual manual belonging to the Jñānapāda school of the *Guhyasamāja-tantra*

Introduction, Romanized Sanskrit Text and Related Studies

Kimiaki TANAKA

渡辺出版 2018

WATANABE PUBLISHING Co., Ltd., Tokyo 2018.

『秘密集会』文殊金剛(オリッサ州アマラプラサードガルフ)

Guhyasamāja-Mañjuvajra (Amaraprasadgarh, Orissa)

目次(Contents)

写本写真(Photograph of the Manuscriopt)..i

文献概説..6

Introduction...28

Romanized Sanskrit Text...52

The Cambridge Manuscipt..68

付録1(Appendix I)...72

付録2(Appendix II)..89

付録3(Appendix III)...90

ビブリオグラフィー(Bibliography)..94

あとがき(Postscript)...98

同ネパール語訳(Postscript in Nepalese)...103

著者略歴(About the Author)...106

ブッダジュニャーナパーダ

Buddhajñānapāda

(*Aṣṭasāhasrikā-prajñāpāramitā* pantheon)

マナヴァジュラ氏と著者

Manavajra Bajracharya and Myself

(1988)

文献概説

(1)はじめに

近年、後期密教への関心が高まるにつれ、その根本典籍とも言うべき『秘密集会タントラ』*Guhyasamāja-tantra*[1]の研究が盛んになりつつある。

『秘密集会』には多くの流派があるが、後世に大きな影響を及ぼしたのは、聖龍樹Āryanāgārjunaに始まる聖者流と、ブッダジュニャーナパーダBuddhajñānapādaに始まるジュニャーナパーダ流の二つである。

このうち聖者流については、すでに『ピンディークラマ』*Piṇḍīkrama*、『パンチャクラマ』*Pañcakrama*等の基本的典籍の校訂テキスト刊行[2]をはじめ、研究書・論文など、多くの著作が発表されており、その全容が明らかになりつつある。

ところがこれに比して、ジュニャーナパーダ流の研究は立ち遅れている。

ジュニャーナパーダ流を扱った論文としては、羽田野 1950[3]を挙げねばならないが、この論文は歴史的記述に重点があり、教相面・事相面については、十分な検討がなされていない。

また吉水千鶴子の「Jñānapāda流における瑜伽行中観説」[4]は、初めてジュニャーナパーダ流の教理的性格を論じた論文で、注目に値するが、紙数の制約

---

1 Skt.テキスト。Ⓐ Critical edition by B. Bhattacharyya, Baroda 1931. Ⓑ *Guhyasamājatantra* Critical edition by S. Bagchi, Darbhanga 1965. Ⓒ Critical edition by Matsunaga, Osaka 1978. Ⓓ チベット訳=P.No81 Ⓔ 漢訳=大正No. 885.

2 La Vallée Poussin 1896. なお *Piṇḍīkrama* の校訂テキストは、同書の前半に含まれる。

3 いっぽう羽田野 1058は、主として『秘密集会』の「聖者流」を扱っている。

4 吉水 1985.

もあり、事相面にはほとんど言及がない。

さらに『秘密集会タントラ』を扱った酒井真典[5]、松長有慶[6]、A・ウェイマン[7]の著作でも、重点は聖者流にあり、ジュニャーナパーダ流は、聖者流に関説して言及されるに過ぎない。

このようにジュニャーナパーダ流の研究が立ち遅れたのは、インド密教の継承者であるチベット仏教において、ジュニャーナパーダ流の勢力が、聖者流に及ばないことによる。さらに著者が『秘密集会』の研究を開始した1980年代、聖者流では『ピンディークラマ』『パンチャクラマ』をはじめ、大注釈『灯作明』*Pradīpoddyotana*[8] などの基本典籍のサンスクリット・テキストが回収され、研究されていたのに対し、ジュニャーナパーダ流の基本的テキストは、チベット訳のみで、サンスクリット原典が発見されたものは一つもなかった。

著者は、『秘密集会タントラ』の曼荼羅理論を研究するため、長らくジュニャーナパーダ流のサンスクリット・テキストを捜索していたが、1975年にニューヨークのInstitute for Advanced Studies of World Religions（IASWR）から刊行された仏教サンスクリット語写本のカタログ中に、*Mañjuvajramukhyākhyāna*[9] なる文献が含まれることを発見した。

早速、マイクロフィッシュを取り寄せ、鋭意解読に努めたが、写本自体が古く、文字が不鮮明な上、写真のピントが合っていない齣もあり、解読は難

---

5 酒井 1956.

6 松長 1970他、論文多数。

7 Wayman 1977.

8 P. No. 2650; Chakravarti 1984.

9 IASWR 1975, 2, MBB-I-II *Mañjuvajramukhyākhyāna.*

航した。その後、著者はマイクロフィッシュを再度取り寄せて未解読部分の解読に努め、ほぼその概要を把握するに到った。

著者は、ジュニャーナパーダの『大口伝書』*Dvikramatattvabhāvanā*[10]、『小口伝書』*Mukhāgama*[11]、『普賢成就法』*Samantabhadra nāma sādhana*[12]、『ニシュパンナヨーガーヴァリー』*Niṣpannayogāvalī* の1.Mañjuvajramaṇḍala[13]、プトゥンBu ston, Rin chen grub[14] と『ギューデ・クントゥー』 *rGyud sde kun btus* 所収の『秘密集会』文殊金剛曼荼羅儀軌[15]や、『ピンディークラマ』等の聖者流の文献との比較を試みたが、これらとも一致するところが多く、本文献が『秘密集会』のジュニャーナパーダ流に属することが、明らかになった。

そこで著者は、1987年に「『秘密集会』ジュニャーナパーダ流の新出文献*Mañjuvajramukhyākhyāna*について」[16](以下、田中 1987)と題する論文を発表し、本文献の内容を概観した。しかし当時は、末尾を欠いた不鮮明なマイクロフィッシュしか手に入らなかったので、全文のローマ字化テキストを公けにできなかった。

---

10 P. No. 2716.

11 P. No. 2717.

12 P. No. 2718.

13 P. No. 3962; Bhattacharyya 1972.

14 Bu ston, Rin chen grub, *gSaṅ 'dus 'Jam pa'i rdo rje'i dkyil 'khor gyi cho ga, 'Jam pa'i dbyaṅs kyi byin rlabs kyi rnam 'phrul* 東北蔵外 No. 5090 他。

15 'Jam dbyaṅs blo gter dbaṅ po, *dPal gsaṅ ba 'dus pa 'jam pa'i rdo rje'i dkyil 'khor gyi cho ga, Si tāḥi kluṅ chen 'jigs bral seṅ ge'i kha 'babs źes bya ba, rGyud sde kun btus* Ja 帙652-728所収。

16 田中 1987.

その後、1988年から89年にかけてのネパール留学で、IASWRの現地協力者を務めたManavajra Bajrāchārya[17]と知り合い、本写本を実見するとともに、写真を撮影することができた。ところがネパール留学中に、National Archives Nepalからマイクロフィルムを取得したサンスクリット写本pra.1697(kha 2)が『普賢成就法』の註釈であることが判明したので、当面はそちらの研究を優先させることになり、*Mañjuvajramukhyākhyāna*については、同文献に引用される『普賢成就法』第10偈から17偈までのローマ字化テキストを発表するにとどまっていた。[18]

しかし田中 2010の第２部に、写本が残存している部分のローマ字化テキストと邦訳を発表し、さらに2017年には、その日英二カ国語版である『梵文　普賢成就法註研究』(渡辺出版)が刊行され、pra. 1697 (kha 2)の研究がまとまったので、引き続いて*Mañjuvajramukhyākhyāna*を扱う本書を刊行することにした。

(2) *mukhyākhyāna*と呼ばれる密教儀礼文献について

*Mañjuvajramukhyākhyāna*の概説に入る前に、まず*mukhyākhyāna*あるいは*mukhākhyāna*と呼ばれる文献について、その概要を見ることにしよう。森口光俊[19]と乾仁志[20]は、カトマンズ盆地でネワールのヴァジュラーチャリヤに伝

17　なおIASWRの写本に付せられたMBB番号は、写本提供者であるManavajra(=bajra) Bajracharyaの名前から取ったものだと聞いた。

18 田中 1996, 180-187.

19 森口 1982, 1983, 1984, 1988.

20 乾 1984.

えられた*Vajradhātumukhākhyāna*[21]と呼ばれる文献が、日本で両界曼荼羅の一つに数えられる金剛界曼荼羅の儀軌で、『金剛頂経』系の瑜伽タントラの権威とされるアーナンダガルバの『一切金剛出現』*Sarvavajrodaya*[22]と密接に関わっていることを明らかにした。

その写本はmudrācitrasahita、つまり印図を伴っているものが多く、阿闍梨が修法に便利なように編集したものであることが分かる。この事実は、現在のネパール仏教では忘れ去られてしまった金剛界曼荼羅の儀礼が、かつてのネパールでは盛んに行われたことを示している。

さらに*Durgatipariśodhanamukhākhyāna*[23]と呼ばれる文献も、同じ瑜伽タントラに属する『悪趣清浄タントラ』の儀軌であることが判明した。なおこの文献も、上述の『一切金剛出現』と密接に関連することが明らかになっている。[24]このように1980年代前半の日本では、金剛界曼荼羅の儀軌*Vajradhātumukhākhyāna*を中心に、*mukhākhyāna*と呼ばれる文献への関心が高まったが、その後、ネパールの国立公文書館National Archives所蔵のサンスクリット写本の中から、『一切金剛出現』の写本が発見されると、学界の関心は、インド成立の金剛界曼荼羅儀軌である『一切金剛出現』自体へと移ってしまった。

これに対して*Mañjuvajramukhyākhyāna*は、後期密教系の儀軌であるため、

---

21 *Bṛhatsūcīpatram* Vol. 3, 17. No. pra 1680; IASWR 1975, MBB-II-94.

22 P. No. 3339.

23 *Durgatipariśodhana-samādhi*, °*-deguri*, °*-digu*等、様々に呼ばれるが、ネパールに広く流布しており、各地に所蔵される。

24 森口 1985, 213(16)-210(19).

印図などは附属していない[25]が、pañcopahārapūjā等の術語や、有名な真言や偈は、全文を挙げず冒頭のみを示してityādiと省略するなど、上述の瑜伽タントラ系の*mukhākhyāna*と記述方法に類似点が認められる。

いっぽう東京大学には、Mukh'ākhyāna (of tantras)と称される貝葉写本が所蔵されている。これは37葉からなる断片で、現存部分にはMārīcīからMaṃjuvajraまで８尊のMukh'ākhyānaが記されている。[26]書体はプラチャリタ・ネワーリー体であり、IASWR写本に比して二～三百年後の成立と考えられる。このうちMaṃjuvajra-mukh'ākhyānaは、IASWR写本の内容を文献量にして６割程度に圧縮したものであることが分かった。

いっぽうケンブリッジ大学所蔵のAdd.1708(Ⅲ)は、第２、第４、第６、第７葉の４葉のみ残存する断片ながら、やはりMañjuvajraを主尊とする19尊曼荼羅を説いており、本文献と関連する部分が多い。（以下「ケンブリッジ写本」と略）

(3) 写本の形状

それでは*Mañjuvajramukhyākhyāna* (IASWR所蔵) の写本について、その概要を見ることにしよう。

写本は4cm×20cmの貝葉で、１葉は５行からなる。IASWRが作成した資料では全体は12葉とされるが、IASWRのフィッシュに撮影されているのは10頁のみである。撮影されている各葉の表面右隅には、インド数字で頁数が記される。それによれば第１葉から10葉まで、文脈の上からも連続して落丁はな

25 『秘密集会タントラ』に、瑜伽タントラのような大三法羯の四印がないことに関しては、Tanaka 2016, 113-114を参照。

26 Matsunami 1965, 111-112, No.305.

く、資料のMissing　leavesの項にも記載がなかった。なおカトマンズで写本を実見したところ、第１葉の表面と第12葉の表面には別文献が書写されており、第12葉の裏面には、何も書かれていないことが分かった。IASWRは、本写本から*Mañjuvajramukhyākhyāna*以外の部分を除外して撮影したと思われるが、IASWRが撮影しなかった第11葉の裏面には、*Mañjuvajramukhyākhyāna*の末尾と、奥書が記されていたので、このような撮影方法には問題があるといわざるを得ない。

いっぽう書体はBhujimol体[27]とされる。Bhujimolとは、ネワール語の「蠅の頭」に由来する書体で、曲線的な字形からVārtula体とも呼ばれ、チベットのワルトゥ文字の原型となった。インド・パーラ朝時代の装飾字体に由来するRañjana体が、『般若経』や『五護陀羅尼』*Pañcarakṣā*のように、功徳を積むための写経に用いられるのに対し、Bhujimol体は、儀軌などの実用的なテキストに用いられることが多い。

またネパール系写本の常として、baとvaの区別はなく、saとśaはしばしば混同されている。また字形では、paとya、ṇaと śaは、きわめて判別しにくい。さらに sattva を satva と記すのは、他の仏教梵語系の写本に見られ、dharma を dharmma　と記す等、rephaの後の子音を重複させるorthographyは、わが国の悉曇学とも共通する。

11bに記された奥書が、摩耗により判読困難なため、書写年代ならびに筆記者(scribe)について、確かなことは分からないが、特徴として śuと sva, śaと sa, ṣa と sva, ya と ja などの文字を常習的に取り違える癖がある。また、『秘密集会タントラ』から引用される真言、頌などにも、文法的に不正確な形、

27 Bhujimol体については、Hemarāja Śākya 1974, 45-48を参照。またSinclair 2017, Table 23には、ネパール系写本で用いられる書体の、新たな命名法が紹介されている。

誤ったダンダの打ち方などが見られ、筆記者の知識及び語学力が、あまり高度でないことを示している。

(4) 章立てについて

IASWR の資料では、全体は Nirvigha bhāvanā(3A3)、Pāpadeśanā(4A5)、Ityādiyoga(5A3)、Mahāyoga(8B2)、Jāpayoga(9A5) の 5 章に分たれ、Visarjana(11B1) で完結するとされている。

写本では、3a3に //nirvvighnam bhāvayet//、4a5に pāpadeśanā、5a3に ity ādiyoga の文字が判読できる。また1bは金剛薩埵への帰敬偈で開始されるから、ここが巻頭であることは明らかである。

インドの貝葉本では、表紙の表面には題名のみを記すか、何も記さないものが多い。また頁数は、貝葉の表面ではなく、裏面に記されることが多い。

そこで田中 1987では、マイクロフィッシュに撮影されていない第1葉の表面には、題名のみが記されていたか、何も記されていなかったと推定したが、1988年に写本を実見したところ、第1葉の表面には、*Mañjuvajra-mukhyākhyāna*の筆記者とは別人の筆跡で、別のテキストが記されていた。同様にして第12葉の表面にも、別人の手で別のテキストが記されていた。

いっぽう11B1にあるとされたvisarjanaの文字は、1988年の調査でOṃ Vajramu[ḥ] の撥遣真言に続いてviśarjana(*sic*)の文字が確認できた。

そこで以下では、IASWR の示した上記の章立てを参照しつつも、著者独自の解釈も交え、本文献の内容を概観してみたい。

(5) 内容概観

① 1b1～1b3　まず第1葉裏面の冒頭に、namaḥ śrīvajrasatvāya と帰敬があり、

つづいて『ピンディークラマ』*Piṇḍīkrama* 1[28]と同一の讃頌が記される。これと類似した讃頌は、聖者流の文献とされる*Cittaviśuddhiprakaraṇa*[29]にも見られ、インドで広く普及していたことが知られる。

② 1b3～2a3　つづいて、ⓐ Oṃ yogaśuddhāsarvvadharmmā yogaśuddho 'haṃ ⓑ Oṃ vajraśuddhāsarvvadharmmā vajraśuddho 'haṃ ⓒ Oṃ śu(=sva) bhāvaśuddhāsarvvadharmmā śubhāvaśuddho 'haṃの３真言[30]と、身口意の種字である Oṃ Āḥ Hūṃ を、頭頂・喉・心臓に観想することにょり、身口意の三業を浄化する。

③ 2a3～2a4　次に karasodhana(=karaśodhana, 手の浄化)とあり、右手に日輪及び Brūṃ, Āṃ, Jrīṃ, Khaṃ, Hūṃ の五仏種字、左手に月輪及び Lāṃ, Māṃ, Pāṃ, Tāṃ, Dhāṃ の五仏母の種字を観想し、手を浄化する。

Brūṃ(テキストによってはBhrūṃ)等の５字を五仏の種字として用いるのは、ジュニャーナパーダ流の特徴で、『普賢成就法』や『ニシュパンナヨーガーヴァリー』１などに説かれる。ただしB・バッタチャルヤの『ニシュパンナヨーガーヴァリー』校訂テキストでは、BruṃをBuṃ、Jrīṃ　を字形の酷似する Hrīṃ と取り違えている[31]から、注意が必要である。

④ 2a4～2a5　さらに文殊金剛とヴィグナーンタカVighnāntakaの真言により、魔を駆逐し、灑水prokṣaṇa、献華の加持puṣpādhiṣṭhānaをなし、“Akāro

28 以下『ピンディークラマ』の引用は、La Vallée Poussin 1896による。

29 Patel 1949.

30 これら三真言は、『チャトゥシュピータ・タントラ』の「パラピータ」第3章に説かれる。

31 Bhattacharyya 1972, 4.

mukha......"[32] の真言を唱え、供物baliを献ずる。身口意の三種字により、曼荼羅を加持する。

⑤ 2b1～2b5　つづいて mantrasodhanaṃ (=° śodhanaṃ) とあり、"sthānaṃ me rakṣa......" の真言を唱える。慈悲喜捨の四無量心を修した後tadanu、心中の日輪上のHūṃ字を転変して、自ら瞋金剛になったDveṣavajrāhaṃkāraと思い、3面6臂で妃を伴い、足下にラクシュミーとナーラーヤナを踏む金剛吽迦羅を観想する。なお金剛吽迦羅の図像としては、足下にウマーとマヘーシュヴァラを踏むのが一般的で、このようなスタイルは、むしろ*Sādhanamālā*[33]や*Vajradhātumukhākhyāna*[34]に説かれる金剛火焔日輪尊Vajrajvalānalārkaに近い。

⑥ 2b5～3a1　さらに虚空に、Bhrūṃ字より生じた黄色の十輻輪pītadaśāracakraを観想し、輻間にヤマーンタカYamāntaka等の十大忿怒明王を観想する。

十輻輪の観想は、『秘密集会タントラ』XVIII 81に基づき、聖者流、ジュニャーナパーダ流を問わず、多くの『秘密集会』系の儀軌に見られる。

⑦ 3a1～3a3　つづいて孫婆明王Sumbhaの真言を唱え、Hūṃ 字の光明により、金剛地 vajrabhūmi、金剛墻 vajraprākāra、金剛籆 vajrapañjara、金剛箭網 vajraśarajālāを生起し、魔の集団を金剛墻の辺りの坑にprākārasamīpe kūpeṣu導き、橛を打つ。『秘密集会タントラ』XIV所説の金剛橛の真言が説かれ、"nirvvighnam bhāvayet"(辟除を修すべし)と記される。IASWR資料に言うnirvighaは、nirvighnaの誤であろう。

⑧ 3a4～3a5　自心にA字を観じ、これを月輪に転変せしめ、その上に Maṃ

32 「阿字門一切諸法本不生故」『大日経』「具縁品」(大正Vol.18, 10a); "Oṃ akāro mukhaṃ sarvadharmānām ādyanutpannatvāt" (Skorupski 1983, 160)

33 Bhattacharyya 1968, Vol. 2, 512.

34 森口 1983, 165-164.

字を観想し、光を放って文殊金剛曼荼羅を鉤召し、金剛鉤等の真言により、鉤召・引入・縛住・歓喜せしめる。

⑨ 3b1～4a2　つづいて、文殊金剛、法界金剛女Dharmmadhātuvajrā、四仏、四仏母、六金剛女、四忿怒の真言が記される。文殊金剛、四仏、四仏母、六金剛女、四忿怒の十七尊は、他のジュニャーナパーダ流の儀軌にも共通して見られる曼荼羅の構成要員[35]で、本文献がジュニャーナパーダ流に属することを明確に示している。ただし文殊金剛の妃を法界金剛女とするのは異例であり、考察の要がある。

本文献ではこれに引き続き、金剛器仗Vajrāyudha＝帝釈天、金剛葛羅Vajrakāla＝焔魔天、龍金剛Nāgavajra＝水天、金剛大悪Vajrabhairava＝毘沙門天、金剛火Vajrānala＝火天、金剛羅刹Vajrarākṣasa＝羅刹天、金剛風Vajrānila=風天、忿怒金剛Vajrakrodha=伊舎那天、金剛軍荼利Vajrakuṇḍalin＝日天、金剛光Vajraprabha＝月天、寂黙金剛Maunavajra=梵天、ヴェーマチトラ阿修羅王Vemacitrin、地天女Pṛthivī、シェーシャナーガŚeṣanāgaの順で、外金剛部諸尊の真言が説かれる。

このうち、ヴェーマチトラとシェーシャナーガを除く12尊は、わが国でも護法天として有名な十二天だが、その真言には、おおむね『初会金剛頂経』*Sarvatathāgatatattvasaṃgraha*の「降三世品」に説かれた金剛界二十天の灌頂名

35　松長 1980, 237は「ジニャーナパーダ流の十九尊は、文殊金剛(mañjuvajra)を主尊とする五仏、四明妃(＝四仏母[著者注])、および前の四忿怒を含む十忿怒よりなる。」とするが、著者の調査では、五仏、四仏母、六金剛女、四忿怒の十九尊とするのが正しい。ジュニャーナパーダ流でも、守護輪(rakṣācakra)を生起する際には、十忿怒を勧請するが、根本曼荼羅には四忿怒のみが描かれる。

[36]が、転用されているのが注目される。

わが国の真言密教では、護方天として十二天が一般的だが、インド・チベットの密教では、日天、月天を除く十方天の方が有力であり、本文献の如く十二天を列するのは、異例と言うべきである。

また、外金剛部諸天の真言として、『初会金剛頂経』降三世品所説の金剛界二十天の灌頂名を用いるのは、『ギューデ・クントゥー』の『秘密集会』文殊金剛儀軌にも見られる。同書とケンブリッジ写本では、羅刹天をも金剛母娑羅Vajramusalaとするから、本文献よりも一層、『初会金剛頂経』の説に忠実である。ジュニャーナパーダ流の古い伝承に基づくのだろうが、この事実は、ジュニャーナパーダ流が、瑜伽から無上瑜伽への過渡期に成立したことを暗示している。

なおケンブリッジ写本(4a)では、これらの護法天の方位が説かれている。それに基づいて護法天を配置すると、p.18の図のようになる。

⑩ 4a2～4a5　続いて五種供養pañcopahārapūjā、八供養aṣṭalāśyā(=° lāsyā)、振鈴ghaṇṭāvādana、讃歎・礼拝と次第する。このうち讃は、『秘密集会タントラ』XVII 1～8を引用する。いっぽう礼拝の偈は、かなり難解であるが、同じNational Archives Nepalに所蔵される*Catuṣpīṭhāloka*[37]の冒頭部分に、同一偈が現れることが判明した。本書では参考のため、付録２に*Catuṣpīṭhāloka*の対応箇所のローマ字化テキストと対応するチベット訳[38]を掲載した。

⑪ 4a5～5a3　4a5にpāpadeśanāとあり、以後懺悔に移るが、懺悔文はジュニャ

36 堀内 1983, §§744-759.

37 *Bṛhatsūcīpatram*, Vol.1, 158-159.

38 P. No. 2479, Vol. 57, 167-1-3～169-1-2.

ーナパーダの『普賢成就法』[39]の第10偈から第18偈に対応し、サンスクリット原文が回収されたことは大いに意義がある。

護法天の配置

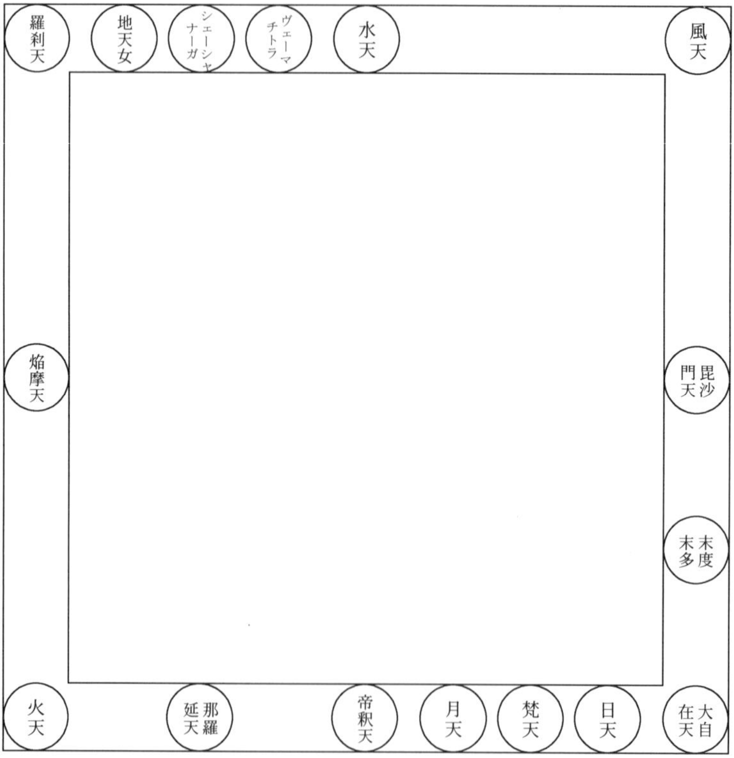

39 P. No. 2718, Vol. 65, 15-5-4～16-1-3.

また宋の慈賢訳『妙吉祥平等秘密観門大教王経』(大正No.　1192)に説かれる「黙然大伽陀」[40]は、この偈を漢字音写し、訳を付したものであることが判明した。本書では参考のため、付録1として『妙吉祥平等秘密観門大教王経』の漢字音写と漢訳をチベット訳と対照させて示した。

前述の如く本文献には、不鮮明な文字や写誤が多いが、この部分は原典、チベット訳、漢字音写、漢訳の4資料が発見されたので、ほぼその全容を把握することができた。

その内容は、「懺悔」と名づけるものの、実際には「随喜」「廻向」「発菩提心」など『普賢行願讃』に説かれる菩薩の行を実践し、理想的な真言行者となることを誓うもので、わが国の胎蔵界法の「九方便」[41]、金剛界法の「五悔」[42]と同主旨と言える。わが国でも、単なる懺悔以上の内容を包括する行法が、「五悔」と称せられているのは、興味深い。

なお5a3には、ity　ādiyogaとあり、これ以前の内容が ādiyoga(初加行)であると理解できる。

⑫ 5a3～5b3　その後『秘密集会タントラ』II　3を引用して、空性に入るべしśūnyatāyām praveśayetと説く。

さらに風輪、火輪、水輪、地輪の順に、四大の輪を建立し、四大輪を収斂させることによりcaturmmaṇḍalaṃ saṃhāreṇa、金剛地vajrabhūmiを完成し、その中心に四角にして四門を有する曼荼羅を観想する。

---

40 大正 No. 1192, Vol. 20, 905c18～906c14; 914b12～c18.

41『大日経』「増益守護清浄行品」大正 No. 848, Vol. 18, 46a21～47a1.

42 『金剛頂蓮華部心念誦儀軌』大正 No. 873, Vol. 18, 300a22～69. なお *Vajradhātumukhākhyāna*でも礼拝、懺悔、随喜、請転法輪、勧請の五支を含む次第が、pāpadeśanā と称せられている。

さらに曼荼羅中央の雑色蓮華上にMaṃ字を観想し、これを転変して３面６臂で鬱金色の文殊金剛の姿とする。

⑬ 5b3〜6a4　次に毘盧遮那をはじめとする曼荼羅の眷属尊Vairocanādi māṇḍaleyāsを、行者の体に布置する。以下5b5から6a4に到る迄、『ピンディークラマ』39〜44 とほぼ同文である。

⑭ 6a4〜6b1　続いて『秘密集会タントラ』III　所説の "Śūnyatājñānavajra-svabhāvātmako 'haṃ" を引用し、日輪上に月輪、月輪上に赤色の八葉蓮華raktāṣṭadalapadma、八葉蓮華上に（身口意の）三字真言tryakṣaramantraを観想する。この部分は、『ピンディークラマ』の47〜49に相当する。

⑮ 6b1〜6b3　さらに『秘密集会タントラ』III　所説の "Dharmmadhātu-svabhāvātmako 'haṃ" を説き、三字真言により白色の金剛薩埵を観想し、阿閦に引入する。

⑯ 6b3〜7a3　6b3にtato nyāsaとあり、以後、布置観nyāsaに移る。

布置観では、五仏が五蘊・五智、四仏母が四大に配当され、頭頂（毘盧遮那・仏眼）、口（阿弥陀・白衣）、心臓（阿閦）、臍（宝生・マーマキー）、両足（不空成就・ターラー）というように、身体の五処に布置される。

ここで注目されるのは、五仏の五智への配当が通常と異なり、阿弥陀＝平等性智、宝生＝妙観察智とされる事である。このような配当は、母タントラ系にはしばしば見られる[43]が、『秘密集会』では、聖者流の『ピンディークラマ』[44]、ジュニャーナパーダ流の『小口伝書』[45]ともに、阿弥陀＝妙観察智、

43　最初期の母タントラである『サマーヨーガ』系では、宝生如来に対応する金剛日を妙観察智、阿弥陀如来に対応する蓮華舞自在を平等性智に配当することが多い。

44 La Vallée Poussin 1896, 3: vv.39-43, *ibid.,* 15-16: *Ṭippaṇī.*

45 P. No. 2717, Vol. 65, 12-3-1〜3.

宝生＝平等性智としており、本文献の如き配当は、はなはだ異例である。

以後、六金剛女と四忿怒の真言が示されるが、具体的な布置箇所は説かれない。

⑰ 7a3〜7b2　次に額mūrdhanの四大輪caturmmaṇḍala上に Oṃ 字を観想し、これより五色の光線を放つ。そして身口意に加持を受け、三金剛の自性を成就する。

その次第は、『秘密集会タントラ』VI 所説の “Oṃ sarvvatathāgatakāya-vajrasvabhāvātmako 'haṃ”と“Oṃ sarvvatathāgatavāgvajrasvabhāvātmako 'haṃ” の２真言と、同 XII の70, 72, 74を組み合わせたものである。本部分は、『秘密集会』系の行法中でも、とりわけ重要なもので、聖者流の『ピンディークラマ』74〜87や、ジュニャーナパーダ流の『普賢成就法』[46]に、ほぼパラレルな部分が見い出せる。

ただし本文献では、他に共通して見られる “Oṃ sarvatathāgatacittavajra-svabhāvātmako 'haṃ” の真言が欠落している。筆記者の不注意による写誤と思われるが、東京大学写本でもこの真言が欠落しているのは、注目に値する。

⑱ 7b2〜7b5　続いて、四大輪を自身に観じ、それぞれの上に剣、輪、蓮華、金剛杵を観想する。これ以後、無上瑜伽密教独得の、性瑜伽の記述に移り、7b4〜5で “Oṃ sarvvatathāgatānurāganavajrasvabhāvātmako 'haṃ” つづいて “Oṃ sarvvatathāgatapūjāvajrasvabhāvātmako 'haṃ” (いずれも『秘密集会タントラ』VI 所説) が説かれる。

上掲部分は、ほぼ『ピンディークラマ』102〜106の内容に相当すると考えられるが、全体が極めて圧縮され、しかも暗号のような文章で書かれているため、文意が把握し難い。

---

46 P. No. 2718, Vol. 65, 16-5-7〜17-1-4.

⑲ 7b5～8b2　続いて Maṃ 字を転変して、3面6臂にして妃を伴う文殊金剛を観想する。さらに “Jinajik” 等の真言により、ヴィグナーンタカ、パドマーンタカを観想し、種字により智薩埵jñānasatvaを鉤召する。前述の如く灌頂abhiseka(*sic*)、鉤召ākarṣaṇa、閼伽水等の供養arghādipūjā、布置nyāsa、嬉戯lāṣyā(*sic*)と次第し、振鈴・讃歎を経て献飯tarppaṇaで本節を終る。

末尾には、tadanu mahāyoga とある。文法上は、上掲の次第の後、或いはそれと並行して大瑜伽を修する意に解すべきだが、他文献では、上掲の⑰～⑲に相当する内容が、大瑜伽mahāyogaと称されている。[47]検討の余地があろう。

⑳ 8b2～8b3　8b2 以後、鼻頭に芥子状の微細金剛を観ずる微細瑜伽観に移る。『ピンディークラマ』では、『秘密集会タントラ』VI　9(＝199)と、III　12(＝200)を、あいついで引くが、本文献ではVI 9 の前半とIII 12 の後半を連続させ、あたかも一偈の如く引用している。

㉑ 8b3～9a5　続いて、四天女が金剛薩埵を讃歎する『秘密集会タントラ』XVII　72～75が引かれる。これらも『秘密集会』で非常に重要視されたものらしく、聖者流の『ピンディークラマ』[48]、ジュニャーナパーダ流の『普賢成就法』[49]に、共通して引用される。

さらにこの後は、鉤召、閼伽水等、五種供養、振鈴、讃歎、真言、献飯と次第し、この節を終る。

㉒ 9a5～9b2　続いてJāpajoga(=yoga)と題名が記され、鉤召等は従前の如しākarṣaṇādi pūrvvavatとある。

余白の後、自身の額上、1搩ばかりvitastimātramの処に、満月を観想する。

---

47 酒井　1956, 60-66.

48 La Vallée Poussin 1896, 13: vv. 206-209.

49 P. No. 2718, Vol. 65, 16-4-3～4-7.

次に、Brūṃ　以下の五仏の種字で加持した五甘露pañcāmṛtaを、Oṃ字に溶融dravībhūtaさせ、さらにそれを全身に溶融させて、楽しむべしprīṇayetと説かれる。

㉓ 9b2～10a4　続いて供物baliが説かれる。自身をヘールカHerukaと観想し、『初会金剛頂経』「降三世品」所説のヘールカ真言[50]と、ヤマーンタカYamāntakaの真言により、十方のヴィグナに橛を打つ。

さらに Yaṃ 字により風輪、Raṃ 字により火輪を生起し、その上の蓮華器padmabhājana[51]中に、五仏、五仏母の種字によって加持された、五甘露と五灯pañcapradīpaを、心臟に溶融させると観想する。

次に、Oṃ字を再び沈静化śitālaさせ、三字真言により加持し、光線により甘露を導き、そこに溶解させるlīnaと観想する。

さらに護世天を鉤召する印を示しlokapālākarṣaṇamudrādarśana、閼伽水等の供養、嬉戯、振鈴、讃歎、献飯を説いて、本節を終る。

㉔ 10a4～11a5　短い余白の後 “Oṃ āḥ vajradhṛk imam baliṃ gṛhṇa 2 kha 2 khāhi 2 mama śāntipuṣṭiṃ kuru svāhā” と施食の真言が説かれ、供養等(pūjādi)、嬉戯と続き、ghaṇṭāvādanaṃ dāpayet とある。振鈴しながら(施食を)与えよの意であろうか？

続いて10a4から11a5まで、ほぼ10葉の表裏全面に亙って、長文の真言が記される。 この真言は、⑨で説かれた十二天を含む外金剛部諸尊に対し、食を献じ、加護を乞うもので、本真言では⑨の14尊に対して、幻化金剛Māyāvajra＝ヴィシュヌ[52]が加えられ、15尊となっている。

---

50 堀内 1983, §794.

51 後期密教では、カパーラ[髑髏杯]を蓮華器と呼ぶことが多い。

52 堀内 1983, §746.

この真言は極めて長文だが、『ギューデ・クントゥー』所収の『秘密集会』文殊金剛曼荼羅儀軌には、これとほぼ全同の真言が、チベット文字音写で示される[53]ので、その全文を判読することができた。

いっぽうギェンパrGyan pa(*Alaṃkāra)の『十真実』*Daśatattva*（北京 No. 2759)、スマティシンハSumatisiṃhaの『バリマーリカー』*Balimālikā*（北京 No. 5901)[54]、これにほぼ対応する*Balimālā* (Cambridge, Ms. Add. 1697[12])にも、類似の施食真言balimantraが説かれている。そこで本書では、付録3として、これらの施食真言を比較対照させた。

続いて施食真言balimantra、華等の供養、嬉戯、振鈴、讃歎と次第し、(大乗現証)百字真言śatākṣaraで、第10葉がしめくくられている。

㉕11a5〜11b2　その後、IASWRのマイクロフィッシュに撮影されていない第11葉の表面にかけて、aprāpteś cāparijñānetyādiと、実修者が未熟なために冒した過失を懺悔する次第が続き、最後に撥遣visarjanaの次第を説いた後、iti Mañjuvajramukhyākhyānaṃ samāptaḥ(*sic*)と結ばれている。なおこの後、十真実daśatattvaについての記述が見られるが、これは*Mañjuvajramukhyākhyāna*とは別文献と考えられる。

(6)まとめと本書の構成

以上、*Mañjuvajramukhyākhyāna*の内容を、他文献と比較しながら概観した。以上の考察から、本文献が文殊金剛を主尊とする十九尊曼荼羅を説く『秘密集会』系の儀軌で、ジュニャーナパーダ流に属することは明らかと思われる。またこの他にも、⑨に見られる外金剛部諸尊の名目、⑪に見られる懺悔

---

53 *ibid*. Fol. 492, *l*.4〜493, *l*.2. etc.

54 本文献については、宮坂 1967を参照。

pāpadeśanā、㉔の施食真言など、他のジュニャーナパーダ流の文献とパラレルな箇所は少なくない。

しかしながら、次第の中には、かえって聖者流の『ピンディークラマ』と一致する点も認められる。そのため東大写本では、末尾の次第を「すべては前述のピンディークラマの如し」sarvve pū[r]vvo(*sic*) piṇḍīkramavatと記して省略しているほどである。

著者が田中 1987を発表して以来、ジュニャーナパーダ流の研究は、内外で大きく進展した。ところが本文献に説かれる曼荼羅や諸尊の真言は、インド成立のジュニャーナパーダ流の文献と大きな違いはないものの、その次第や教理的解釈には、かなりの相違があることが明らかになった。本文献がネパール撰述の密教儀礼文献の中で、どのような位置を占めるのかは、今後の課題とせねばならない。

なお本書では、著者がManavajra Bajrāchāryaの許可を得て撮影した写本の写真を巻頭に置き、52頁以下の左頁にIASWR写本、右頁に東京大学写本のローマ字化テキストを転写し、相互に対照できるようにした。いっぽうケンブリッジ写本については、対照テキストの末尾にローマ字化テキストを掲載した。

本写本はネパール系写本の常としてbaとvaの区別がなく、saとśaも頻繁に混同されている。また写本では、sattvaが常套的にsatvaとなり、レーパ直後の子音が重複するなど、現在とは異なった正書法が見られるが、本書ではそのまま転写し、誤植ではないことを示すために(*sic*)を付した。

なお[...]は汚損・剥落による判読不能を表し、[ ]は脱字と思われる箇所を修補した部分、これに対して{ }は、写本に存在する文字や記号が不要であることを示し、{__}とした箇所は、文字や記号が抹消記号

parimārjitasaṅketaにより筆誅されていることを示す。

さらに本書では「付録」として、本文献に引用されている*Samantabhadra nāma sādhana*のpāpadeśanāと、*Catuṣpīṭhāloka*から引用されたと考えられる冒頭の文殊金剛の讃、末尾のBalimantraについての研究を収録し、末尾には本書で参照した文献のビブリオグラフィーを付した。

Introduction

(1)What is the *Mañjuvajramukhyākhyāna*?

With the surge in interest in late Tantric Buddhism in recent years, there has also been increasing research on the *Guhyasamāja-tantra*[1], which might be described as the basic scripture of late Tantric Buddhism. Among many lineages deriving from the *Guhyasamāja-tantra,* there exist two influential lineages—the Ārya school deriving from Ārya-Nāgārjuna and the Jñānapāda school established by Buddhajñānapāda.

As regards the Ārya school, the Sanskrit manuscripts of its basic texts, the *Piṇḍīkrama, Pañcakrama* and others were discovered in Nepal and edited texts[2] as well as research books and papers have already been published. Therefore, the whole picture of the Ārya school has been gradually revealed. In contrast to the Ārya school, the study on the Jñānapāda school is lagging far behind. The pioneering study on the Jñānapāda school in Japan, was Hatano 1950.[3] However, it mainly deals with the historical description and it had not examined doctrine and practice in any detail.

1 At present, three Sanskrit editions: 1. *Guhyasamājatantra* Critical edition by B. Bhattacharyya, Baroda 1931, 2. Critical edition by S. Bagchi, Darbhanga 1965, 3. Critical edition by Matsunaga, Osaka 1978 and the Tibetan translation (Peking No81) and Chinese Translation (Taisho No. 885) are available.

2 La Vallée Poussin 1896. The critical edition of the *Piṇḍīkrama* is included at the beginning of this book.

3 Hatano 1058, on the other hand, mainly takes up the Ārya school.

Yoshimizu 1985,[4] on the other hand, is worth noting that it argues the Jñānapāda school from the side of philosophy for the first time. However, it, because of limitations of space, did not mention its ritual aspect.

Moreover, the research books on the *Guhyasamāja-tantra* published by Shinten Sakai[5], Yukei Matsunaga[6] and Alex Wayman[7] placed importance on the Ārya school and they only refer to the Jñānapāda school for the comparison with the Ārya school.

Thus, the cause of the lag behind of study on the Jñānapāda school is that the Ārya school is more popular than the Jñānapāda school in Tibetan Buddhism, a successor of Indian esoteric Buddhism. Moreover, in 1980s when I started the research on the *Guhyasamāja-tantra*, Sanskrit text of the basic scriptures of the former such as the *Piṇḍīkrama, Pañcakrama* and the great commentary, *Pradīpoddyotana*[8] had already been published or studied by researchers. The Sanskrit texts belonging to the latter, on the other hand, had hitherto not been known to exist.

For some time I had been searching for Sanskrit texts affiliated to the Jñānapāda school when I noticed the existence of a manuscript entitled *Mañjuvajramukhyākhyāna*[9], included in the catalogue of the Buddhist Sanskrit

---

4 Yoshimizu 1985.

5 Sakai 1956.

6 Matsunaga 1970 and others.

7 Wayman 1977.

8 P. No. 2650; Chakravarti 1984.

9 IASWR 1975, 2, MBB-I-II *Mañjuvajramukhyākhyāna*.

manuscripts in the microfiche collection of the Institute for Advanced Studies of World Religions (IASWR) published in 1975.

Immediately, I purchased the microfiche from IASWR and started to study the manuscript. However, the transcription of the manuscript faced difficult times since some frame of the microfiche was out of focus. Subsequently, I requested IASWR to resend better microfiche and tried to decipher difficult passages. Then, I succeeded in grasping the outline of the text.

I compared the content of the *Mañjuvajramukhyākhyāna* with three major work of Jñānapāda: *Dvikramatattvabhāvanā*[10], *Mukhāgama*[11] and *Samantabhadra nāma Sādhana*[12] as well as 1.Mañjuvajramaṇḍala[13] in the *Niṣpannayogāvalī* and Tibetan ritual manual of Mañjuvajramaṇḍala by Bu ston, Rin chen grub[14] and another ritual manual included in the *rGyud sde kun btus*[15]. I also compared it with the texts belonging to the Ārya school such as the *Piṇḍīkrama*.

As a result, it made clear that this text is belonging to the Jñānapāda school of the *Guhyasamāja-tantra*.

---

10 Peking No. 2716.

11 Peking No. 2717.

12 Peking No. 2718.

13 Peking No. 3962; Bhattacharyya 1972.

14 Bu ston, Rin chen grub, *gSaṅ 'dus 'Jam pa'i rdo rje'i dkyil 'khor gyi cho ga, 'Jam pa'i dbyaṅs kyi byin rlabs kyi rnam 'phrul* 東北蔵外 No. 5090 他。

15 'Jam dbyaṅs blo gter dbaṅ po, *dPal gsaṅ ba 'dus pa 'jam pa'i rdo rje'i dkyil 'khor gyi cho ga, Si tāḥi kluṅ chen 'jigs bral seṅ ge'i kha 'babs źes bya ba, rGyud sde kun btus,* Ja: 652-728.

Therefore, in 1987, I published an article entitled "On the newly discovered *Mañjuvajramukhyākhyāna* of the Jñānapāda school of the *Guhyasamāja-tantra*"[16] (Hereafter: Tanaka 1987) and surveyed the content of this manuscript. However, I could not publish the Romanized full text since only the smudgy and incomplete (lacking the final folio) microfiche was available.

Subsequently, during my period of study in Nepal (1988–89), I became acquainted with Manavajra Bajrāchārya[17] who had supported the project of IASWR in Nepal and could examine and photograph the manuscript of the *Mañjuvajramukhyākhyāna*. (see pp. i-viii) I eventually came across manuscript pra.1697 (kha 2) at the National Archives in Kathmandu, and upon examining it after my return to Japan, I was able to ascertain that it was a commentary of the *Samantabhadra nāma sādhana*, which I had long been searching for.

So, I could not help prioritizing the study of the *Samantabhadra nāma sādhana* and regarding the *Mañjuvajramukhyākhyāna,* I only published Romanized text of the pāpadeśanā which was cited from the *Samantabhadra nāma sādhana* (vv. 10-17). [18]

However, I published the Romanized text of pra.1697 (kha 2) and Japanese translation as Part II of Tanaka 2010. Moreover, I published English/Japanese bilingual edition of my study on the *Samantabhadra nāma sādhana* (Tanaka 2017). Thus, my study on pra.1697 (kha 2) has been completed.

16 Tanaka 1987.

17 The MBB number attached to the IASWR microfiche derives from Manavajra (=bajra) Bajrāchārya, the provider of the manuscript, I heard.

18 Tanaka 1996, 180-187.

Now I am publishing the present volume which treats the *Mañjuvajra-mukhyākhyāna*.

(2)Ritual manuals called *mukhyākhyāna*

Before introducing the *Mañjuvajramukhyākhyāna* itself, let us survey ritual manuals called *mukhyākhyāna* or *mukhākhyāna* in Nepal. Mitsutoshi Moriguchi[19] and Hitoshi Inui[20] made clear that a text entitled the *Vajradhātumukhākhyāna*[21] transmitted among *Vajrācārya*s in Kathamandu valley is a ritual manual on the Vajradhātumaṇḍala, one of the two-world maṇḍalas of Japanese esoteric Buddhism. They also discovered that it has close relationships with the *Sarvavajrodaya*[22] of Ānandagarbha who was the authority of *yogatantras* beginning with the *Sarvatathāgatatattvasaṃgraha*.

Manuscripts of *mukhākhyāna*s are, in many cases, accompanied by illustrations of *mudrā*s (*mudrācitrasahita*) for the convenience of *Vajrācārya*s who perform esoteric rituals. This fact suggests that esoteric ritual of the Vajradhātumaṇḍala which has been forgotten about in present day, used to be popular in Nepalese Buddhism.

The text entitled the *Durgatipariśodhanamukhākhyāna*[23] also turned out to be

---

19 Moriguchi 1982, 1983, 1984, 1988.

20 Inui 1984.

21 *Bṛhatsūcīpatram* Vol. 3, 17. No. pra 1680; IASWR 1975, MBB-II-94.

22 Peking No. 3339.

23 This text has many alternate name such as *Durgatipariśodhana-samādhi*, °*-deguri*, °*-digu*. It circulates among Newari Vajracharyas and even now many copies survive.

a ritual manual of the *Durgatipariśodhana-tantra* also belonging to the *yogatantras*. Moriguchi has already pointed out that it also has close relationships with the *Sarvavajrodaya.*[24] Thus, in early 1980s Japan, researchers were interested in ritual manuals called *mukhākhyāna*, particularly, the *Vajradhātumukhākhyāna* centered on the Vajradhātumaṇḍala. However, the Sanskrit manuscript of the *Sarvavajrodaya* was identified from the collection of National Archives Nepal, the interest of academic world had moved to the *Sarvavajrodaya* of Indian origin.

The *Mañjuvajramukhyākhyāna*, on the other hand, does not contain illustrations of mudrās because it belongs to the late tantric Buddhism.[25] However, it shares characteristics with *mukhākhyānas* belonging to yogatantra class, in the respect of terminology such as *pañcopahārapūjā*, and abbreviation method of popular *mantras* and verses using *ityādi*.

In the University of Tokyo, on the other hand, a palm leaf manuscript entitled "Mukh'ākhyāna (of tantras)" is stored. It is a fragment consisting of 37 folios and *mukh'ākhyānas* of eight deities from Mārīcī to Maṃjuvajra are written on the extant folios.[26] The script is pracalita-Newari and the date is thought to be two to three hundred years later than the IASWR manuscript. Among those, the *Maṃjuvajramukh'ākhyāna* turned out to be approximately 60% extraction from the full version like IASWR manuscript.

---

24 Moriguchi 1985, 213 (16)-210 (19).

25 Regarding the fact that the *Guhyasamāja-tantra* does not have four *mudrās*: mahā-, samaya-, dharma- and karma-, like yoga-tantras, See Tanaka 2016, 113-114.

26 Matsunami 1965, 111-112, No.305.

Add.1708 (III) in the possesion of Cambridge University is a fragment consisting of 4 folios: Nos. 2, 4, 6, 7. It also explains the 19-deity maṇḍala centred on Mañjuvajra and seems to share some characteristics with the *Mañjuvajramukhyākhyāna.* (Hereafter: Cambridge manuscript)

(3)Configuration of the Manuscript

Next, I will survey the configuration of the manuscript photographed by IASWR.

The size of the palm leaf is 4 cm in height and 20 cm in width and each folio contains five lines. According to the index fiche of IASWR, it consists of 12 folios, although only 10 folios are photographed by IASWR. The folio numbers are written in Newari numerals in the right margin of recto of each folio. According to the folio numbers, the manuscript consists of continuous 10 folios (No.1-10) and no missing folio. There is no mention about "missing leaves" in the index fiche of IASWR. When I examined the manuscript in Kathmandu, on 1a and 12a, another text was written. On the other hand, on 12b was a blank. I surmise that IASWR excluded other texts than the *Mañjuvajramukhyākhyāna* from the manuscript. However, on 11b which IASWR did not photograph, the end of the *Mañjuvajramukhyākhyāna* and its colophon was written. I cannot help but say that such photographing method is a problem.

The script is Bhujimol.[27] The term Bhujimol means "fly-headed", from the

27 On the various Newari scripts used in Sanskrit manuscripts, see Hemaraj Sakya, Vikrama saṃvat 2030 (≒ 1974 A.D.). An updated nomenclature of scripts used in Nepal is given in Sinclair 2017, 326, Table 23.

Newari word "bhujin", meaning "housefly." It also called Vārtula (curved script) and became the prototype of Tibetan Wartu script. In contrast to decorative Rañjana script of Indian origin which was used for sūtra-copying of the *Prajñāpāramitā* or *Pañcarakṣā* to accumulate merit, Bhujimol was frequently used for more practical purpose such as copying ritual manuals. As is common in Nepalese manuscripts, the manuscript does not distinguish between *ba* and *va*, and there is also frequent confusion of *sa* and *śa*. And it is difficult in discriminating *pa* and *ya*; *ṇa* and *śa*.

As other Buddhist manuscripts, *sattva* is regularly written *satva*, while a consonant after *r* (*repha*) is doubled, for example *dharmma*, also found in Japanese orthography of Siddham script.

It is not clear about the date and scribe of the manuscript since the colophon on 11b is nearly illegible due to damage. Confusion of *śu* and *sva*; *ṣa* and *sva*; *ya* and *ja* is characteristic mistake of the scribe. Mantras and verses cited from the *Guhyasamāja-tantra* are sometimes not grammatical. We can detect misusage of punctuation marks. They suggest that the scribe's grammatical knowledge is not perfect.

(4)Chapter formation of the Manuscript

The index fiche of IASWR divided the whole text into 5 chapters: Nirvigha bhāvanā (3A3), Pāpadeśanā (4A5), Ityādiyoga (5A3), Mahāyoga (8B2), Jāpayoga (9A5) and concluded in Visarjana (11B1).

In the manuscript, *//nirvvighnam bhāvayet//* occurs in 3a3; *pāpadeśanā* in 4a5; *ity ādiyoga* in 5a3.

And 1b beginning with the salute to Vajrasattva, is clearly beginning of the text. In case of palm leaf manuscripts of Indian origin, recto of the first folio is, in many cases, a blank or written only the title. Folio number is written not on the recto but on the verso.

Therefore, Tanaka 1987 surmised that folio 1a was a blank or only the title was written. However, when I examined the manuscript in 1988, a different text from the *Mañjuvajramukhyākhyāna* was written on 1a by somebody else's hand. Similarly, on folio 12a a different text was written by somebody else's hand.

In 1988, I could confirm the existence of the letters "viśarjana (*sic*)" after the mantra of *visarjana* "Oṃ Vajramu[ḥ]" on 11b1 as mentioned in the index fiche.

Below, I will survey the *Mañjuvajramukhyākhyāna,* independently from the index fiche of IASWR, mainly basing on my own interpretation.

(5)Outline of the Text

① 1b1～1b3 At the beginning, salute to Vajrasattva: *namaḥ śrīvajrasatvāya* is written. Next, a eulogy which corresponds to the *Piṇḍīkrama* 1[28] follows. Nearly identical eulogy is also found in the *Cittaviśuddhiprakaraṇa,*[29] which belongs to the Ārya school. It seems to be popular in medieval India.

② 1b3～2a3 Then, by means of three mantras: Oṃ yogaśuddhā sarvvadharmmā yogaśuddho 'haṃ, Oṃ vajraśuddhā sarvvadharmmā vajraśuddho 'haṃ, Oṃ śu(=sva)bhāvaśuddhā sarvvadharmmā śubhāvaśuddho 'haṃ[30] and visualization of three seed-syllables: *Oṃ Āḥ Hūṃ* which symbolize

28 Regarding the citation from the *Piṇḍīkrama,* I mainly refered La Vallée Poussin 1896.

29 Patel 1949.

30 These three mantras are expounded in *Parapīṭha* 3 of the *Catuṣpīṭha-tantra*.

body, speech and mind on the crown of the head, throat and heart respectively, one should purify one's body, speech and mind.

③ 2a3～2a4 Next, occurs karasodhana (=karaśodhana, purification of hands). One visualizes the sun-disk and seed syllables of five Buddhas: *Brūṃ, Āṃ, Jrīṃ, Khaṃ, Hūṃ* on the right hand, the moon-disk and seed syllables of five Buddha mothers: *Lāṃ, Māṃ, Pāṃ, Tāṃ, Dhāṃ* on the left hand. Thus, one should purify his hand.

It is the characteristics of the Jñānapāda school to use five syllables starting with *Brūṃ* (some text makes it *Bhrūṃ*) as seed-syllables of the five Buddhas. Such seed-syllables are explained in the *Samantabhadra nāma sādhana, Niṣpannayogāvalī* 1 and others. However, Bhattacharya 1972 makes *Brūṃ* as *Buṃ*, *Jrīṃ* as *Hrīṃ*, a strikingliy similar letter.[31]

④ 2a4～2a5 By means of the mantras of Mañjuvajra and Vighnāntaka, one drives out demons. Sprinkling of sacred water (*prokṣaṇa*) and empowerment of the flower (*puṣpādhiṣṭhāna*) follow it. With the mantra "Akāro mukha......"[32], one should offer oblation (*bali*). With three seed-syllables of body, speech and mind, empower the maṇḍala.

⑤ 2b1～2b5 Thereafter, mantrasodhanaṃ (=° śodhanaṃ, purification by mantra) occurs with the mantra "sthānaṃ me rakṣa....." Next, I should practice the four immeasurables: *maitrī*, *karuṇā*, *muditā* and *upekṣā*. Visualizing in one's heart the seed-syllable *Hūṃ* on the sun disc, one, taking pride in becoming

31 Bhattacharyya 1972, 4.

32「阿字門一切諸法本不生故」 *Vairocanābhisambodhi-sūtra* (Taisho Vol.18, 10a); "Oṃ akāro mukhaṃ sarvadharmānām ādyanutpannatvāt" (Skorupski 1983, 160)

Adamantine anger (Dveṣavajra), should provoke a wrathful deity, Vajrahūṃkāra. He is three-headed, six-armed, embracing his consort and trampling on Lakṣmī and Nārāyana. Generally speaking, a common iconography of Vajrahūṃkāra is trampling on not Lakṣmī and Nārāyana but Umā and Maheśvara. Such iconography is similar to Vajrajvalānalārka expounded in the *Sādhanamālā*[33] and the aforementioned *Vajradhātumukhākhyāna.*[34]

⑥ 2b5～3a1 Subsequently, in the space, one should visualize a yellow 10-spoked wheel (*pītadaśāracakra*) with seed-syllable *Bhrūṃ*. Between the spokes, ten wrathful deities starting with Yamāntaka should be arranged.

The visualization of ten spoked wheel, based on the *Guhyasamāja-tantra* XVIII, 81, is frequently found in ritual manuals of *Guhyasamāja-tantra* without distinction of the Ārya or Jñānapāda school.

⑦ 3a1～3a3 Subsequently, reciting the mantra of Sumbha, with light of the seed-syllable *Hūṃ*, one should arouse adamantine ground (*vajrabhūmi*), adamantine enclosure (*vajraprākāra*), adamantine cage (*vajrapañjara*) and adamantine lattice of arrows (*vajraśarajālā*). Then, one, leading a host of demons into holes near the enclosure (*prākārasamīpe kūpeṣu*), should drive daggers into them. Citing the mantra of Vajrakīla expounded in the *Guhyasamāja-tantra* XIV, it instructs to expel demons (*nirvvighnam bhāvayet*). "Nirvigha bhāvanā(*sic*) (3A3)" occuring in the index fiche of IASWR should be *nirvighna*.

⑧ 3a4～3a5 Seed-syllable *A* should be visualized on one's heart. Subsequently,

33 Bhattacharyya 1968, Vol. 2, 512.

34 Moriguchi 1983, 165-164.

it transforms into moon-disk. Seed-syllable *Maṃ* is visualized on it. It emits the ray and drawing the maṇḍala of Mañjuvajra near. With the mantras of Vajrāṅkuśa and others, one should summon, induct, bind, and delight the deities of the Mañjuvajra-maṇḍala.

⑨ 3b1～4a2 Subsequently, the mantras of Mañjuvajra, Dharmmadhātuvajrā, four Buddhas, four Buddha-mothers, Six adamantine goddesses and four wrathful deities are presented. Mañjuvajra, the four Buddhas, four Buddha mothers, six adamantine goddesses and four wrathful deiteis, totaly nineteen deities are the members of the Mañjuvajra-maṇḍala common to ritual manuals belonging to the Jñānapāda school.[35] This fact clearly indicates that this text belongs to the Jñānapāda school. However, that Dharmadhātuvajrā, one of the six adamantine goddesses, becomes consort of the main deity, Mañjuvajra is unusual and is necessary to consider.

Subsequently, are explained 14 Hindu deities' mantras: Vajrāyudha=Indra, Vajrakāla=Yama, Nāgavajra=Varuṇa, Vajrabhairava=Vaiśravaṇa, Vajrānala=Agni, Vajrarākṣasa=Nairṛti, Vajrānila=Vāyu, Vajrakrodha=Īśāna, Vajrakuṇḍalin=Sūrya, Vajraprabha=Candra, Maunavajra=Brahmā, Vemacitrin (Asurendra),

---

35 Matsunaga 1980, 237 states that "the nineteen deities of the Jñānapāda school consist of the five buddhas centered on Mañjuvajra, four consorts (i.e., buddha-mothers), and ten wrathful deities, including the four wrathful deities." However, the nineteen deities correctly consist of the five buddhas, four buddha mothers, six adamantine goddesses and the four wrathful deities. In the Jñānapāda school also, when the protective sircle (*rakṣācakra*) is visualized, ten wrathful deities are provoked. However, only four wrathful deities are depicted in the maṇḍala.

Pṛthivī, Śeṣanāga.

Among them, 12 deities except for Vemacitrin and Śeṣanāga are collectively known as twelve protective deities 十二天 in Japanese esoteric Buddhism. It is worth noting that their mantras are diverted from the initiation names of outer vajra family expounded in part 2 of the *Sarvatathāgatatattvasaṃgraha*[36].

In Japanese esoteric Buddhism, twelve protective deities are well-known. However, in Indo-Tibetan Buddhism, ten protective deities except for Sūrya and Candra are popular. It is exceptional case that twelve protective deities plus Vemacitrin and Śeṣanāga are mentioned.

To use initiation names expounded in part 2 of the *Sarvatathāgatatattvasaṃgraha* for the mantras of protective dieties is also found in the Cambridge manuscript and a ritual manual of Guhyasamāja-Mañjuvajra in the *rGyud sde kun btus*. They are more faithful to the *Sarvatathāgatatattvasaṃgraha* since it makes Nairṛti as Vajramusala which *Mañjuvajramukhyākhyāna* makes Vajrarākṣasa. It may preserve old tradition of the Jñānapāda school. It also suggests a transitional character from middle to late tantric Buddhism of the Jñānapāda school.

Moreover, the Cambridge manuscript (4a) describes the direction of these protective deities. The arrangement of protective deities based on the Cambridge manuscript is shown in the accompanying diagram on p. 41.

⑩ 4a2～4a5 Subsequently, five kinds of offering (*pañcopahārapūjā*), eight offerings beginning with lāsyā (*aṣṭalāśyā=° lāsyā*), sounding bell (*ghaṇṭāvādana*), hymn and salutation to Mañjuvajra follow. Among those, hymn corresponds to

36 Horiuchi 1983, §§744-759.

the *Guhyasamāja-tantra* XVII 1~8. The salutation verse is, on the other hand, somewhat difficult to understand. However, I discovered that the same verse

Arrangement of Protective Deities

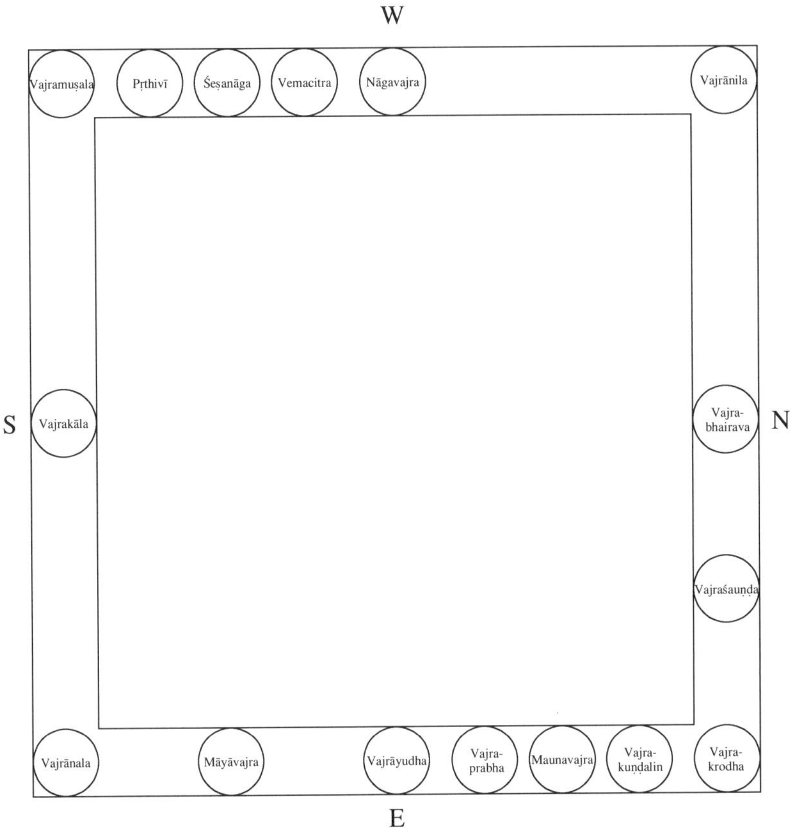

occurs at the beginning of the *Catuṣpīṭhāloka*[37] in the possesion of the National Archives Nepal. For the reference, I attached the romanized text of the opening verse of the *Catuṣpīṭhāloka* and the corresponding Tibetan translation[38] as Appendix II.

⑪ 4a5～5a3 On 4a5, occurs *pāpadeśanā*. This verse for confession corresponds to vv.10-18 of the *Samantabhadra nāma sādhana*[39] by Jñānapāda. It is significant that the original Sanskrit of Jñānapāda restored.

Likewise vv. 10–19 appear twice in transliterated form as a "great *gāthā* to be recited silently" 默然大伽陀[40] in the *Miaojixiang pingdeng bimi zuishang guanmen dajiaowang jing* 妙吉祥平等秘密最上觀門大教王經 (Taishō no. 1192), translated into Chinese by Cixian 慈賢 of Qidan 契丹 during the Northern Song 北宋, and in the first instance they are accompanied by a Chinese translation. For the reference, I attached the transliteration by Chinese character and Chinese translation together with corresponding Tibetan translation of vv. 10-19 of the *Samantabhadra nāma sādhana* as Appendix I.

As I have already explained, the manuscript contains many ambiguous points and errors. However, concerning this verse, I could make the point of this verse, since four materials: original Sanskrit, Tibetan translation, phonetic transcription by Chinese character and Chinese translation became available.

Although it is called confession of sins (*pāpadeśanā*), it contains other

---

37 *Bṛhatsūcīpatram*, Vol.1, 158-159.

38 Peking No. 2479, Vol. 57, 167-1-3～169-1-2.

39 Peking No. 2718, Vol. 65, 15-5-4～16-1-3.

40 Taisho No. 1192, Vol. 20, 905c18～906c14; 914b12～c18.

practices of Bodhisattva such as joy (*anumoda*), transference of merits (*pariṇāma*), giving rise to the enlightened mind (*bodhicittotpādana*) expounded in the *Bhadracarīpraṇidhānarāja* than the confession of sins. It is intended for one to be an ideal practitioner of tantric Buddhism. It also similar to Ku-hōben 九方便[41] in the ritual for the Garbha-maṇḍala and Gokai 五悔[42] in the ritual for the Vajradhātu-maṇḍala in Japanese esoteric Buddhism. It is interesting that the rites containing other practices than confession of sins, are called Go-kai, namely "five kinds of repentance."

On 5a3, occures *ity ādiyoga*. It suggests that the ritual up to this stage is meant to be *ādiyoga*.

⑫ 5a3～5b3 Subsequently, citing the *Guhyasamāja-tantra* II 3, it expounds that one should enter into *śūnyatā* (*śūnyatāyām praveśayet*).

Then, one should visualize the circles of four elements: wind, fire, water and earth. With the consolidation of four circles (*caturmmaṇḍalaṃ saṃhāreṇa*), adamantine earth (*vajrabhūmi*) is completed. On the centre of it, one should visualize the maṇḍala equipped with four gates.

Moreover, one should visualize the seed-syllable Maṃ on the multi-coloured lotus petal in the centre of the maṇḍala and it transforms Mañjuvajra who is

---

41 *Vairocanābhisambodhi-sūtra*「増益守護清浄行品」(The Increasing and Guarding of Pure Conduct), Taisho No. 848, Vol. 18, 46a21～47a1.

42 *Jin-gang-ding lian-hua-bu-xin nian-song yi-gui* 金剛頂蓮華部心念誦儀軌 Taisho No. 873, Vol. 18, 300a22～b9. The *Vajradhātumukhyākhyāna* also calls the rites including five limbs: salutation, confession, rejoicing (others' merit), requesting Buddhas teaching and requesting Buddhas not to enter into *nirvāṇa, pāpadeśanā* (confession of sins).

3-headed, 6-armed and suffron coloured.

⑬ 5b3～6a4 Next, the retinue of the maṇḍala beginning with Vairocana (*Vairocanādi māṇḍaleyās*) are arranged on the body of the practitioner. Hereafter, from 5b5 upto 6a4, parallel passage is found in *Piṇḍīkrama* 39～44.

⑭ 6a4～ 6b1 Subsequently, with the mantra "Śūnyatājñānavajra-svabhāvātmako 'haṃ" expounded in the *Guhyasamāja-tantra* III, one should visualize a moon-disk on a sun-disk, a red eight-petalled lotus (*raktāṣṭadalapadma*) on the moon-disk, three syllabled mantra (*tryakṣaramantra*) on the eight-petalled lotus. This visualization corresponds to the *Piṇḍīkrama* 47～49.

⑮ 6b1～6b3 Moreover, with the mantra "dharmmadhātusvabhāvātmako 'haṃ" expounded in the *Guhyasamāja-tantra* III and three syllabled mantra, one should visualize Vajrasattva white in colour, and he should enter into Akṣobhya.

⑯ 6b3～7a3 From 6b3 where "tato nyāsa" occurs, assignment (*nyāsa*) of deities (to the doctrinal categories) starts.

Here, the five Buddhas are assigned to five aggregates and five wisdoms, whereas the four Buddha mothers are assigned to four elements. They are also assigned to five parts of the body: vertex (Vairocana and Locanā), mouth (Amitābha and Pāṇḍarā), heart (Akṣobhya), navel (Ratnasambhava and Māmakī) and both legs (Amoghasiddhi and Tārā).

It is noteworthy that the assignment of five wisdoms to five Buddhas is different from the norm. In this text, Amitābha is assigned to *samatājñāna* whereas Ratnasambhava is assigned to *pratyavekṣanajñāna*. Such assignment is frequently found in mother tantras.[43] However, as far as *Guhyasamāja-tantra* is concerned, both of the *Piṇḍīkrama*[44] belonging to the Ārya school and the *Mukhāgama*[45] belonging to the Jñānapāda school assign Amitābha to *pratyavekṣanajñāna;* Ratnasambhava to *samatājñāna.* The assignment of the *Mañjuvajramukhyākhyāna* is quite exceptional.

Hereafter, the mantras of the six adamantine goddesses and four wrathful deities are expounded. However, the text does not explain their assignment.

⑰ 7a3～7b2 Next, one should visualize the seed syllable *Oṃ* on the circles of the four elements at his forehead (*mūrdhan*). From this syllable, emitted lights of five colour. With them, empowered one's body, speech and mind become three adamantines.

This process is based on two mantras: Oṃ sarvatathāgatakāyavajra-svabhāvātmako 'haṃ", "Oṃ sarvvatathāgatavāgvajrasvabhāvātmako 'haṃ" expounded in the *Guhyasamāja-tantra* VI and combined them with vv. 70, 72 and 74 expunded in XII. It is especially important among the practices expounded in the Guhyasamāja-cycle. Both of the *Piṇḍīkrama* 74-87 belonging to the Ārya school and the *Samantabhadra nāma sādhana*[46] belonging to the Buddhajñānapāda school describe the nearly same practice.

---

43 In an early mother tantra, the *Sarvabuddhasamāyoga*, assigns Vajrasūrya, corresponding to Ratnasambhava, to *pratyavekṣanajñāna* wherease Padmanarteśvara, corresponding to Amitābha, to *samatājñāna.*

44 La Vallée Poussin 1896, 3: vv.39-43, *ibid.,* 15-16: *Ṭippaṇī.*

45 Peking No. 2717, Vol. 65, 12-3-1～3.

46 Peking No. 2718, Vol. 65, 16-5-7～17-1-4.

However, in this text, the mantra "Oṃ sarvatathāgatacittavajrasvabhāvātmako 'haṃ" which is found in other ritual manuals, is lacking. It might be a mistake of scribe. However, it is noteworthy that the University of Tokyo manuscript also lacks this mantra.

⑱ 7b2～7b5 Subsequently, one should generate circles of four elements and sword, wheel, lotus and vajra are respectively visualized on them. Hereafter, the description of the sexo-yogic visualization peculiar to the late tantric Buddhism follows. In 7b4-5, appears the mantra: "Oṃ sarvvatathāgatānurāgana-vajrasvabhāvātmako 'haṃ", and "Oṃ sarvvatathāgatapūjāvajrasvabhāvātmako 'haṃ, both of them expounded in the *Guhyasamāja-tantra* VI."

This part roughly corresponds to the *Piṇḍīkrama* 102-106. However, some passages are obscure in meaning since it is written cypher-like abbreviations.

⑲ 7b5～8b2 Next, with the seed-syllable Maṃ, one should visualize three-headed, six-armed Mañjuvajra embracing his consort. Moreover, with the seed-syllable "Jinajik" and so on, Vighnāntaka and Padmāntaka are visualized. And with the seed-syllables, wisdom being (*jñānasattva*) is summoned. As described above, the empowerment (*abhiseka*[*sic*]), attracting deities (*ākarṣaṇa*), the offering of the perfumed water and so on (*arghādipūjā*), allocation of deities (*nyāsa*), eight offerings beginning with lyric dance (*lāṣyā*[*sic*]) follow, and the praising with sounding bell and concluded with donation of food (*tarppaṇa*).

In the end, occurs "tadanu mahāyoga." It means that after, or at the same time as the abovementioned procedure, one should practice the *mahāyoga*. In other texts, however, the procedure corresponding to the aforementioned ⑰～⑲ is called *mahāyoga*.[47] Regarding the interpretation of the *mahāyoga*, there is still room for consideration.

⑳ 8b2～8b3 After 8b2, description of the subtle yoga (*sūkṣmayoga*) in which one visualizes a minute vajra on the tip of the nose occurs. The *Piṇḍīkrama* cites the *Guhyasamāja-tantra* VI 9 (=PK 199) and *Guhyasamāja-tantra* III 12 (=PK 200) whereas, this text joins the pāda AB of VI 9 and pāda CD of III 12 as if it is the one verse.

㉑ 8b3～9a5 Subsequently, the text cites the *Guhyasamāja-tantra* XVII 72-75, which were sung by the four Buddha-mothers for praising Vajrasattva. They are also cited by both of the *Piṇḍīkrama*[48] belonging to the Ārya school and the *Samantabhadra nāma sādhana*[49] belonging to the Jñānapāda school. This fact suggests the importance of those verses among the Guhyasamāja-cycle.

Hereafter, summoning (wisdom being), the offering of the perfumed water, five kinds of offering, praising (deities) with sounding bell, chanting mantras follow and this section concluded with the donation of food (*tarppaṇa*).

㉒ 9a5～9b2 Next, the title "Jāpajoga (=yoga)" is written. Summoning (wisdom being) and so on are same as above (*ākarṣaṇādi pūrvvavat*).

After the blank space on the manuscript, one should visualize a full moon one *vitasti* above one's forehead. Next, five ambrosias (*pañcāmṛta*), empowered by seed-syllables of the five Buddhas beginning with *Brūṃ*, are melted into (*dravībhūta*) the seed-syllable *Oṃ*. Pervading it the whole body, one should delight

47 Sakai 1956, 60-66.

48 La Vallée Poussin 1896, 13: vv. 206-209.

49 Peking No. 2718, Vol. 65, 16-4-3～4-7.

(*prīṇayet*) one's body.

㉓ 9b2～10a4 Subsequently, the food (*bali*) should be offered to protective deities. The practictioner should visualize oneself as Heruka. He, with the mantra of Heruka expounded in part II of the *Sarvatathāgatatattvasaṃgraha*[50], and the mantra of Yamāntaka, should drive daggers on obstructing spirits (*vighna*) in ten directions.

Furthermore, from seed-syllable *Yaṃ*, one should arouse the circle of wind; from seed-syllable *Raṃ*, the circle of fire. On the lotus-vessel (padmabhājana)[51] on it, one should visualize five ambrosias (*pañcāmṛta*) and five lights (*pañcapradīpa*) empowered by seed-syllables of the five Buddhas and five Buddha-mothers. Then, he visualizes them melt into one's own heart.

Next, one should quiet (*śitāla*) the seed-syllable Oṃ again and empower it with three syllables. And one should lead ambosias with rays and should visualize that they dissolves in (*līna*) the three syllables.

Moreover, one should display the mudrā which summon the protective deities (*lokapālākarṣaṇamudrādarśana*). After explaining the offering of the perfumed water and so on, ritual dances and praising with sounding bell, this section concludes with the donation of food.

㉔ 10a4～11a5 After a blank, the mantra for the donation of food: "Oṃ āḥ vajradhṛk imam baliṃ gṛhṇa 2 kha 2 khāhi 2 mama śāntipuṣṭiṃ kuru svāhā" is written. The offering and so on (*pūjādi*) and ritual dance follow and with sounding bell, the food shoud be given (*ghaṇṭāvādanaṃ dāpayet*).

---

50 Horiuchi 1983, §794.

51 In late Tantric Buddhism, *kapāla* is also called "padmabhājana."

From 10a4 to 11a5, a long mantra which covers fol. 10ab is written. This mantra is for the donation of food to the protective deities listed in the above ⑨ and to request them protection. However, in this mantra, the total number of the protective deities becomes 15, since Māyāvajra, namely Viṣṇu[52] is added to the 14 deities listed in ⑨.

This mantra is very long. However, I could transcribe it since a ritual manual of Guhyasamāja-Mañjuvajra included in the *rGyud sde kun btus* cites the nearly same mantra in the form of phonetic transcription by Tibetan script.[53]

Similar balimantra also appears in rGyan pa's *Daśatattva* (Peking No. 2759), Sumatisiṃha's *Balimālikā* (Peking No. 5901)[54] and a nearly corresponding Sanskrit manuscript, *Balimālā* (Cambridge, Ms. Add. 1697[12]). For the reference, I attached the romanized transcription of *balimantra*s occurring in the abovementioned three texts as Appendix III.

Subsequently, a mantra for the food offering (*balimantra*), offering of flower and so on, ritual dance and praising with sounding bell follow. And fol. 10 is concluded with the mantra of 100 syllables (*śatākṣara*).

㉕Visarjana After it, description moves to the folio 11a, not photographed by IASWR. "aprāpteś cāparijñānetyādi" is the announcement that the practitioner begs the perdon of deities for errors comitted through inmatureness in the rite. Finally, after describing the dismissal of the deity (*visarjana*), it closes with the concluding remarks: "iti Mañjuvajramukhyākhyānaṃ samāptaḥ (*sic*)." After that,

52 Horiuchi 1983, §746.

53 *ibid*. Fol. 492, *l*.4~493, *l*.2. etc.

54 Regarding this text, see Miyasaka 1967.

description of ten truths (daśatattva) follows in the IASWR manuscript. However, it is thought to be different text from the *Mañjuvajramukhyākhyāna.*

(6)The Structure of This Book

Thus, referring to other texts of the Guhyasamāja-cycle, I surveyed the contents of the *Mañjuvajramukhyākhyāna.* As the result, this text which expounds 19-deity maṇḍala centred on Mañjuvajra, becomes evident that it belongs to the Guhyasamāja-cycle and affiliated to the Jñānapāda school. Moreover, the listing of protective deities found in ⑨, the confession of sins (pāpadeśanā) expounded in ⑪, the mantra for the food offering occuring in ㉔ and so on share with other texts belonging to the Jñānapāda school.

However, some process coincides with the *Piṇḍīkrama* belonging to the Ārya school. Therefore, the University of Tokyo manuscript omitted the description of the end of ritual manual as saying that all processes are same as the aforementioned *Piṇḍīkrama* (*sarvve pū[r]vvo* (*sic*) *piṇḍīkramavat*).

After I published Tanaka 1987, an introduction to the *Mañjuvajramukhyākhyāna* for the first time, the study on the Jñānapāda school has developped in Japan and abroad. As a result, it turned out that regarding the maṇḍala and mantras of deities, the *Mañjuvajramukhyākhyāna* does not differ from the texts belonging to the Jñānapāda school of Indian origin. However, regarding the process of the rite and the interpretation and assignment of maṇḍala-deities, I noticed the existence of considerable difference from authentic texts of Indian origin. It needs further consideration regarding the position that the *Mañjuvajramukhyākhyāna* occupies in the tantric ritual manuals of Nepalese origin.

In this volume, at the beginning I put the reproduction of the manuscipt, which I photographed under the permission of Manavajra Bajrāchārya. In the following section, I published the romanization of the IASWR manuscript on the left pages, whereas that of the University of Tokyo manuscript on the right pages for the convenience of the mutual reference. The romanized text of the Cambridge manuscript, on the other hand, is included at the end of romanized text.

As is common in Nepalese manuscripts, the manuscript does not distinguish between *ba* and *va*, and there is also habitual confusion of *sa* and *śa*. In addition, *sattva* and *tattva* are regularly written *satva* and *tatva*, while a consonant after *r* (*repha*) is doubled, but these and other discrepancies with standard orthographical practice have been transcribed as they are and I attached (*sic*) to specify that it is not a typographic error.

When missing glyphs or glyphs that are illegible on account of soiling of the palm leaves have been augmented on the basis of quotations from or parallel passages in other texts, these have been enclosed in square brackets ([ ]). Redundant glyphs and symbols in the manuscript have been enclosed in braces ({ }), while redundant glyphs that have been deleted in the manuscript with the deletion sign (*parimārjita-saṅketa*) have been enclosed in braces and underlined.

In addition, I attached my study on the *pāpadeśanā* cited from the *Samantabhadra nāma sādhana*, another study on the salutation verse to Mañjuvajra thought to be cited from the *Catuṣpīṭhāloka* at the beginning of this manuscript and a comparative study of the Balimantra as appendix. At the end of this book, I attached a Bibliography of books and articles which I referred to.

Mañjuvajramukhyākhyāna

(1b1)①namaḥ śrīvajrasatvāya//

trailokyācāramuktaṃ gagaṇasamagataṃ sarvvabhāvasvabhāvaṃ śuddhaṃ sā(*sic*)ntaṃ viviktaṃ paramaśivamayaṃ yoginā(1b2)m eva gamyam/ durbodhaṃ durvicāram svaparahitatamaṃ vyāpinaṃ nirṇṇimitaṃ vande kāyaṃ jinānām sukham asamasamaṃ nirvvika(1b3)lpaikamūrttim//

②Oṃ Āḥ Hūṃ ity ucārya svahṛdi sūrye Hūṃkāraṃ ṇī(*sic*)lavarṇṇa sakraś(=śakra)cāpākāraraśmibhiḥ sarvvāṅgaṃ saṃ(1b4)śodhya/

Oṃ yogaśuddhāsarvvadharmmā yogaśuddho [']haṃ/

kaṇṭhe Ākāraṃ raktaraśmibhiḥ sarvvakāyam avabhāsya

mā(1b5)ni(*sic*)kyavarṇṇavajrābhedyakāyaṃ vibhāvya/

Oṃ vajraśuddhā sarvvadharmmā vajraśuddho [']haṃ/

Oṃkāra sirasi dhyātvā śuklavarṇṇaraśmi(2a1)bhiḥ sarvvasa(*sic*)rīraṃ saṃśodhya śuddha[s]phaṭikasaṃkāsa(*sic*)ṃ bhāvayet/

Oṃ śu(*sic*)bhāvaśuddhā sarvvadharmā śubhāvaśuddho [']haṃ/

tadanu hṛdi śukla(2a2)pañcasūcikavajrayavaphalapramāṇaṃ vibhāvya/

Oṃ sarvvadharmmanairātmyasvabhāvātmako [']haṃ

sarvvasatvodha(*sic*)raṇa(2a3)heto(*sic*) Mañjuvajrasvabhāvātmako [']haṃ//

③karaso(*sic*)dhanam// dakṣiṇahaste Āḥkāreṇa sūryamaṇḍalam Bruṃ Āṃ Jrīṃ Khaṃ Hūṃ/ vāma(2a4)haste Aḥkāreṇa candramaṇḍalam Lāṃ Māṃ Pāṃ Tāṃ Oṃ/ kamalāvarttasaṃ(*sic*)khādhiṣṭhānam//

④Oṃ Maṃ Maṃjuvajre Hūṃ/ Oṃ Vighnā(2a5)ntakṛt Hūṃ/ Oṃ sarvavighnān utsāraya Hūṃ/ pro{ṃ}kṣaṇapuṣpādhiṣṭhānam Akāromukhetyādi bali/

Oṃ Āḥ Hūṃ maṇḍalādhiṣṭhā(2b1)naṃ//

Mañjuvajramukhākhyāna

(62a6)// Oṃ namaḥ maṃjuvajrāya//

trailokyācāramuktetyādi//

ity ucā// // rya svahṛdi sūrya Hūṃkāran nīlavarṇṇaṃ

sa(62b1)kraś cāpākāraraśmibhiḥ sarvvāṃgasaṃśodhya//

Oṃ yogaśuddhāsa[r]vva[dha]rmmā yogaśuddho 'haṃ//

kaṇṭhe Āḥkāraraktaraśmibhiḥ sarvvakāyam avabhāsya

māṇikya(62b2)varṇṇam vajrabhedya(*sic*)kāyaṃ vibhāvya//

Oṃ vajraśuddhā sarvvadharmmā vajraśuddho 'haṃ/

Oṃkāraṃ śiraśi dhyātvā śuklavarṇṇaṃ raśmibhiḥ sarvvaśari(*sic*)ra[ṃ]

saṃso(*sic*)dhya śu(62b3)ddha[s]phaṭikasaṃkāśaṃ bhāvayet/

Oṃ svabhāvaśuddhā sarvvadharmmā śu(*sic*)bhāvaśuddho 'haṃ/

tadanu svahṛdi śuklapañcaśucika(*sic*)vajraṃ yavaphalapramāṇaṃ

vibhā(62b4)vya//

Oṃ sarvvadharmmanairātmyasvabhāvātmako [']haṃ//

sarvvasatva(*sic*)ddharanaheto Maṃjuvajrasvabhāvātmako [']haṃ//

tadanu karaso(*sic*)dhanaṃ// piṇḍi(*sic*)kramavat//

śaṃkhā(62b5)dhiṣṭhāna//

Oṃ Maṃjuvajre Hūṃ// Oṃ Vighnāntakṛta Hūṃ// Oṃ sarvvavighnān u[t]sāraye

Hūṃ// prokṣa{ma}ṇa// Oṃ akāromukhetyādi// bali//

Oṃ Āḥ Hūṃ maṇḍala

⑤ mantraso(*sic*)dhanaṃ//sthānaṃ me rakṣetyādi//

tato maitrīkaruṇāmuditopekṣām bhāvayet/ tadanu svahṛdi rephena sūryopari Hūṃ(2b2)kāraṃ pariṇāmena Dveṣavajrāhaṃkāraṃ bhāvayet//

nīlavarṇṇaṣaḍbhujaṃ pratyālīḍhaṃ trimukhaṃ dakṣiṇe raktaṃ vā{/}(2b3)me śuklaṃ svābhaprajñāliṅgitam/ prathamabhujābhyām vajravajraghaṇṭā dvitīyābhyām khaḍgatarjjanīpāśam/ tṛtī(2b4)yābhyām cakrakhaṭvāṅgam/ khan(*sic*)mudritaṃ naraśiramālinam ūrdhvapiṅgalakeśatrinetraṃ bhrūbhṛkuṭinaṃ oṣṭāktaṃ(2b5)[?]bhīṣaṇaṃ pralayānalakiraṇa lakṣmīnārāyanam ākrantaṃ Vajrahūṃkāram bhāvayet/

⑥ tato gagaṇe Bhrūṃkāreṇa pī(3a1)tadaśāracakraṃ āreṣu Yamāntakādīn Hūṃkārodbhūtabhārūsthān pratyālīḍhān sphārayet//

⑦ Oṃ śumbha ṇi(*sic*)sumbhetyādi//

tato(3a2)Hūṃkāraraśmibhi[r] vajrabhūmivajraprākāravajrapañjaravajraśarajālaṃ cintayet/

prākārasamīpakūpeṣu(3a3) vighnavṛndān ānīya kīlayet//

Oṃ gha gha ghāṭaya 2 sarvvaduṣṭetyādi// nirvvighnam bhāvayet// ○ //

⑧ (3a4)svahṛdi Akāreṇa candram tadupari Maṃkāraṃ tad{a}raśminā kā(=ko) kandīlokadhātuṅ gatvā Mañjuvajramaṇḍalaṃ(3a5)m ākṛṣya// Oṃ Vajrāṅkuśādi//

⑨ Oṃ Āḥ Mañjuvajra bhaṭā(*sic*)rakāya arghapādyācamanaṃ prokṣaṇañ ca// Jaḥ Huṃ Vaṃ Hoḥ//(3b1)Oṃ Āḥ Maṃ Mañjuvajre Hūṃ svāhā/ Oṃ Āḥ Dharmmadhātuvajre Hūṃ/ Oṃ jinajika(*sic*) Hūṃ/ Oṃ ratnadhṛka Trāṃ/ Oṃ ārolika Hrīḥ/ Oṃ prajñādhṛka(3b2)Khaṃ/ Oṃ moharate Lāṃ/ Oṃ dveṣarate Māṃ/ Oṃ rāgarate Pāṃ/ Oṃ vajrarate Trāṃ/ Oṃ Rūpavajre Ja Hūṃ/ Oṃ Sa(*sic*)bdavajre Hūṃ/ Oṃ(3b3)Oṃ Gandhavajre [Vaṃ] (inserted from the mergin) Hūṃ/ Oṃ Rasavajre Ho Hūṃ/

(62b6)mantraso(*sic*)dhanaṃ piṇḍikramavat// Oṃ asthānaṃ me rakṣa Hūṃ [i]tyādi// tato maitrīkaruṇāmuḍi(*sic*)topekṣāṃ bhāvayet// tadanu svahṛdi repheṇa sūryopari Hūṃkārapariṇāme(63a1)na Dveṣavajrāhaṃkāra bhāvayet/ nīlavarṇṇaṣaḍbhujaṃ pratyālīḍhatrimukhaṃ dakṣiṇe raktaṃ vāmaśuklaṃ svābhaprajñāliṃ(*sic*)ṅgitaṃ/ prathamabhujābhyāṃ vajravajraghaṇṭā dviti(*sic*)yā (63a2)bhyāṃ khaḍgatarjanīpāśaṃ/ tṛtīyābhyāṃ cakrakhaṭvāṃgaṃ/ khanmūdi(*sic*) narasiramālinaṃ ūrdvapigordva(*sic*)keśaṃ trinetraṃ bhrū-bhṛkuṭinan duṣṭokaṭabhī(63a3)ṣaṇaṃ pralayānalakiraṇa lakṣmīnārāyaṇakrāntaṃ Vajrahūṃkāraṃ bhāvayet//

tato gagaṇe Bhrūṃkāreṇa pītadasā(*sic*)racakraṃ āreṣu Ya(63a4)māntakādin(*sic*) Hūṃkārodbhūtabhānu(*sic*)sthāṃ pratyāli(*sic*)ḍhāṇa(*sic*) sphālayet//

Oṃ suṃbhaniśuṃbhetyādi//

tato Hūṃkāraraśmibhir vajrabhūmivajrapā(*sic*)kāravajra(63a5)pa{ṃ}ñjala vajrasa(*sic*)rajālaṃn ti(*sic*)ntayet/

prākālasamī[pe] kupepu(=ṣu) vighnabhṛ(=vṛ)ndān ānīya ke(*sic*)layet// Oṃ gha gha ghāṭaya 2 sarvvaduṣṭetyādi// ni[r]vighnaṃ bhāvayet//

//(63a6)svahṛdi Akāreṇa candraṃ tadupari Maṃkāraṃ tadarasmi(*sic*)nā kā(=ko)kandīlokadha(*sic*)tuṃ gatvā Maṃjuvajramaṇḍalaṃ(63b1)m ākṛṣya//

Oṃ Vajrāṃkuśādi// Oṃ Āḥ Maṃjuvajrabhaṭṭārakāya arghapādyaṃ ācamanaṃ pro{ṃ}kṣamanaṃ praticcha svāhā(63b2)//Jaḥ Hūṃ Vaṃ Hoḥ// Oṃ Āḥ Maṃ Maṃjuvajre Hūṃ svāhā// Oṃ Āḥ Dharmmadhātuvajre Hūṃ// Oṃ jinajika Hūṃ/ Oṃ Ratnadhṛka Trāṃ/ Oṃ Āḥrolika Hrīṃḥ/ Oṃ Prajñādhṛka Khaṃ// Oṃ Mo(63b3)harate Māṃ/ Oṃ Dveṣarate Tāṃ/ Oṃ Rāgaraṭe(*sic*) Pāṃ/ Oṃ Vajrarate Tāṃ/ Oṃ Rūpavajre Ja Hūṃ// Oṃ Śabdavajre Hūṃ// Oṃ Gandhavajre Vaṃ Hūṃ// Oṃ Rasavajre Ho Hūṃ/

Sparśavajre Hūṃ/ Oṃ Dharmmadhātuvajre Hūṃ/ Oṃ Yamāntaka Hūṃ/ Oṃ Prajñāntaka Hūṃ(3b4)/ Oṃ Padmāntaka Hūṃ/ Oṃ Vighnāntaka Hūṃ/ Oṃ Vajrāyudhe svāhā/ Oṃ Vajrakālāya svāhā// Oṃ Nāgavajrāya svāhā//(3b5)Oṃ Vajrabhairavāya svāhā/ Oṃ Vajrānalāya svāhā/ Oṃ Vajrarākṣaśāya (*sic*) svāhā/ Oṃ Vajrānilāya svāhā/ Oṃ Vajrakrodhāya svā(4a1)hā/ Oṃ Vajrakuṇḍaline svāhā// Oṃ Vajraprabha svāhā// Oṃ Maunavajrāya svāhā// Oṃ Vemacitrine svāhā// Oṃ Pṛthivye svāhā// Oṃ(4a2)Se(*sic*)ṣanāgāya svāhā//

⑩ pañcopahārapūjā aṣṭā lāśyā(*sic*)ghaṇṭāvādanastuti//

Akṣobhyavajretyādi// mantratraye(4a3)ṇa//

vibhrāna(*sic*)m buddhabimbaṃ divasakala(*sic*)dharo rāsepābindulekhya maitrīyam cārurūpaṃ sirase varatanuṃ Mañju(4a4)ghoṣañ ca gātraṃ/ padmotthaṃ danda(*sic*)rūpam kulitavavapuṣam vajriṇaṃ bhīma{bhāvaṃ} nādaṃ vijñānaṃ jñānarūpaṃ nihi(4a5)tabhavabhayam pañcamūrttin namāmi//

⑪ //pāpadeśanā// yadinādimatibhavoghe samastasaṃkalpaṃ saṅkṛ(*sic*)taṃ kaluṣa/ taddeśa(4b1)yāmi vidhivat mahākṛpānāṃ puraḥ sakalaṃ/ sambuddhabodhisatvair āryair anyaiś cayaṅkṛtaṃ kuśalaṃ anumodyaṃ tad avaśeṣaṃ samya(4b2)k pariṇāmayāmi sambodhau/ vilasat manāmalendu praśādhitānantasatkṛpopāyān/ saraṇam prayāmi sugatātma/(4b3)nāvarttino nityaṃ nirmmuktasakalakalpanām aśeṣasatsatvasa{mba}mpadādhāraṃ dharmmam prayāmi śaraṇam samasta(4b4)vastv ekarasarūpam/ saṃyaknirastabandhanam uttamakaruṇāsamarppitaśrīkam/ muditādi bhūmipraviṣṭaṃga(4b5)to 'smi śaraṇaṃ yatīsayanaṃ/ āśa[ya]vipākaśudhyā sarvvāvṛttivāśanā(*sic*)samutpāditaṃ/ utpādayāmi bodhav adhi(5a1)mukti vibhūṣaṇaṃ cet(*sic*)/ sasugatasugatakamārggan daśavidhadānādi śuklaguṇa-rūpaṃ/ sambuddhātmasamastabhāvabuddhāṃ sa(5a2)māśrito 'smy adhunā/

Oṃ Kha(*sic*)(63b4)rasavajre Hūṃ// Oṃ Dharmmadhātuvajre Hūṃ// Oṃ Yamāntaka Hūṃ// Oṃ Prajñāntaka Hūṃ//Oṃ Vighnāntakṛ Hūṃ// Oṃ Vajrayuddha(*sic*) svāhā// Oṃ Vajrakārā(*sic*)ya (63b5)svāhā// Oṃ Nāgavajrāya svāhā// Oṃ Vajrabhairavāya svāhā// Oṃ Vajrānarā(*sic*)ya svāhā// Oṃ Vajrālā(*sic*)kṣasāya svāhā// Oṃ Vajranīlāya svāhā// Oṃ Vajra(63b6)krodhāya svāhā// Oṃ Vajrakuṇḍalīne(*sic*) svāhā// Oṃ Vajraprabhāya svāhā// Oṃ Mo(*sic*)navajrāye svāhā// Oṃ Vemacitrine svāhā// Oṃ Pṛthive svāhā// Oṃ Se(*sic*)ṣanāgāya svāhā(64a1)//

//paṃ•aṣṭau•lā•ghaṃ•stu//

Oṃ Akṣobhyavajretyādi//

tatpanna(*sic*)//

//pāpadeśanā// yadinādimatibhave(*sic*)ghetyādi//

kṛpayāvalaṃbya satvalokam iman dri(*sic*)ṣṭijālaparinaddhaṃ/ sambodhicittam atulaṃ vi(5a3)bhya(*sic*)vya vidhimatimantrī syāt// ity ādiyoga//

⑫//tadanantaraṃm abhāve bhāvabhāvanābhāvobhā(5a4)vanā naiva bhāvanā/ iti bhāvena bhāvasyāt bhāvanā nopalabhyate/

anena śūnyatāyām prave(5a5)śayet/

tato śūnyeśati Yaṃkāreṇa vāyumaṇḍalam Raṃkāreṇāgnimaṇḍalam Vaṃkāreṇa varuṇamaṇḍalam/ Laṃkā(5b1)reṇa pṛthvī(*sic*)maṇḍalaṃ/ caturmmaṇḍalaṃ saṃhāreṇa vajrabhūmiṃ tan madhye Bhrūṃkāreṇa kūṭāṅgā(*sic*)raṃ caturasraṃ caturdvāraṃ aṣṭastambho(5b2)paso(*sic*)bhitaṃ hārārddhahārabakulīkramaśīrṣam tadupari viśvapadmam tadupari Maṃkāreṇa Mañjuvajraṃ tri(5b3)mukham kha(*sic*)dbhujaṃ mūlamukham kuṅkumāruṇaṃ dakṣiṇe nīlam vāme śitaṃ(*sic*) bhāvayet/

⑬Vairocanādi mā(5b4)ṇḍaleyāś ca śva(*sic*)kāye praveśayet/ Oṃ Āḥ Hūṃ Svā Hā// śirakaṇṭhahṛtnābhau pādadvaye// Vairoca(5b5)nādi yathākramaṃ/ rūpaskandhagatādarśo bhūdhātunayanendriyaḥ rūpañ ca pañcama[ṃ] yānti krodhamaitrīyasaṃ(6a1)yutaṃ// vedanāskaṃdhasamatā apadhātuśravanendriyaṃ śabdañ ca pañcamaṃ yānti krodhadvaye samanvitaṃ/ saṃskārāḥ kṛtyānu(6a2)ṣṭhānamāruto rasanendriyaṃ rasaś ca pañcamaṃ yānti krodhadvaye samanvitam// ūrdhvārddhaḥ(*sic*) krodhasaṃyuktaṃ pra(6a3)kṛty ābhāsam eva ca/ vijñānaskandham āyāti vijñānaṃ ca prabhāśva(*sic*)ram// nirvvānaṃ(*sic*) sarvvaśūnyañ ca dharmmakāyo (6a4)nigadyate/

⑭Oṃ śūnyatājñānavajrasvabhāvātmako [']haṃ//

tadanu ākāśe Hūṃjaḥ sūryamaṇḍalam tadu(6a5)pari Oṃjaḥ candramaṇḍalam tadupari Āḥkārajaṃ raktāṣṭadalapadmaṃ padmopari tryakṣaramantrañ ciṃtayet/

// tadanantaram abhāve bhāvanā bhāvo(64a2)bhāvanā naiva bhāvanā iti bhāvo(*sic*)nabhāvasya dbhāvanā nopara(*sic*)bhyate/

aneṇa(*sic*)sū(*sic*)nya{n}tāyāṃ praveśayet/

tato sūnyesati(*sic*) Yaṃkāreṇa vāyumaṇḍalaṃ(64a3)[Raṃ]kāreṇa agnimaṇḍalaṃ Vaṃkāreṇa varuṇamaṇḍalaṃ Laṃ kāreṇa pṛthvīmaṇḍalaṃ/

catu[r]maṇḍalasaṃhāreṇa vajramayabhūmiṃ tatra madhye Bhrūṃkāreṇa (64a4)kūṃṭāṃgālaṃ(*sic*) caturasraṃ caturdvāraṃ aṣṭastaṃbhopaso(*sic*)bhitaṃ hārārddhahārabakulika(*sic*)maśīrṣaparyaṃ tadupari viśvapadmon(*sic*)tadupari Maṃkāreṇa Maṃju(64a5)vajraṃ trimukhaṃ khadbhujaṃ mūlamukhaṃ kuṃkumāruṇaṃ dakṣine nīlaṃ vāme śī(*sic*)taṃ prajñāyutaṃ bhāva[ye]t//

Vairocanādi māṇḍaleyāṃś ca svakāya(*sic*) praveśayet//(64a6)Oṃ Āḥ Hūṃ svāhā// śirakaṇṭhahṛtanābhau pādadvaye// Vairocanādi yathākramaṃ/

rūpaskaṃdhagatādarśo bhūdhātunayanendriyaṃ/ rūpañ ca paṃcamaṃ yāti krodhamaitriyasaṃ(64b1)yutaṃ// vedanāskandhasamatā āpadhātu-śravanendriyaṃ śabdaś ca paṃcamaṃ yānti ko(*sic*)dhadvayasamanvitaṃ/ saṃskārāḥ kṛtyānuṣṭhānamāruto rasanendriyaṃ// śaraś ca paṃcamaṃ(64b2)yānti krodhadvayasamanvitaṃ// ūdvār(*sic*)dhaḥ krodhasaṃyuktaṃ prakṛtyābhāsam eva ca/ vijñānaska[ndha]m āyāti vijñāṇaṃ {paṃ}ca prabhāsvaraṃ// nirvvāṇa[m] sarvvaśūnyaṃñ ca dharmmakā(64b3)yo nigadyate//

Oṃ śūnyatājñānavajrasvabhāvātmako 'haṃ//

tadanu ākāśe Hūṃjaḥ sūryamaṇḍalaṃ tadupari Oṃjaḥ candramaṇḍalaṃ tadupari Ā(64b4)kārajaṃ raktādara(*sic*)padmaṃ padmopari tre(*sic*)kṣala(*sic*)mantra cintayet//

(6b1)mantraṃ padma tathā sūryapraviṣṭañ candramaṇḍalaṃ candramaṇḍala-mātraṃ bhāvayet/

⑮tato dharmmadhātu vajrasvabhāvātmako [']haṃ/

ta[danu](6b2)punaḥ candramaṇḍalaṃ Oṃ Āḥ Hūṃ vicintayet/

tato tryakṣarasambhūtaṃ śuklaṃ vajrasatvam vibhāvya/

Akṣobhye (6b3)praveśayet/

⑯tato nyāsa//

śirasi Vairocana rūpaskandha Locanādi pṛthvīdhātu ādarśajñānaṃ

mukhe Ā(6b4)ḥ Amitābhaṃ saṃjñāskandha Pāṇḍarā tejodhātu samatājñānaṃ

hṛdaye Hūṃ Akṣobhyaṃ vijñānaskandhaṃ ākā(6b5)sa(*sic*)dhātu śu(*sic*)viśuddhajñānam/

nābho(*sic*) Svā Ratnasambhava vedanāskandham Māmakī apadhātu pratyavekṣaṇājñānam/(7a1)pādadvaye Hā Amoghasiddhi saṃskārāskandhaṃ Tārā vāyudhātu kṛtyānusthā(*sic*)najñānaṃ//

Oṃ Rūpavajre Hūṃ/ Oṃ Sa(*sic*)bdavajre Hūṃ/ Oṃ (7a2)Gandhavajre Hūṃ/ Oṃ Raśa(*sic*)vajre Hūṃ/ Oṃ Sparśavajre Hūṃ/ Oṃ Dharmmādhātuvajre Hūṃ/ Oṃ Yamāntaka Hūṃ/ Oṃ Prajñāntaka Hūṃ(7a3)Oṃ Padmāntaka Hūṃ/ Oṃ Vighnāntaka Hūṃ/

⑰tato mūrddhni caturmmaṇḍalamadhye Oṃ kāraṃ pañcaraśmisphāraye(7a4)t/ Oṃ buddhakāyadhara śrīmān trivajrābhedabhāvitā/ adhiṣṭhānam padam me [']dya ku[r]vantu kāyavajriṇaḥ(7a5)/ Oṃ sarvatathāgatakāyavajrasvabhāvātmako [']haṃ// dharmmo vai vākpatha śrīmān trivajrābhedyabhāvitā/ adhi(7b1)sthānaṃ padam me [']dya kurvvantu vākvajriṇaḥ/ Oṃ sarvvatathāgatavāgvajra-svabhāvātmako [']haṃ// cittamā[ṃ] vajradhara śrīmān tri(7b2)vajrābheda-bhāvitā/ adhisthā(*sic*)nam padam me [']dya kurvvantu cittavajriṇaḥ//

mantrapadman tathā sūryapraviṣṭaṃ candramaṇḍalaṃ

mātraṃ bhāvayet//

tato Oṃ dharmmadhā(64b5)tusvabhāvātmako 'haṃ//

tadanu punaḥ candramaṇḍalaṃ Oṃ Āḥ Hūṃ vicintayet//

tato tryakṣarasaṃbhūtaṃ śuklavarṇṇa[ṃ] vajrasatvaṃ vibhāvya/

Akṣe(*sic*)bhyapraveśayet//

(64b6)tato nyāśa(*sic*)//

śila(*sic*)śi Vairocaṇa(*sic*) rūpaskaṃdha Ro(*sic*)canādi pṛthvīvi(*sic*)dhātu āda[r]śajñānaṃ mukhe Āḥ Amitābhaṃ saṃjñāskaṃ(*sic*)ndha Pāṇḍalā(*sic*) tejodhātu samatājñā(65a1)naṃ// hṛdaye Hūṃ Akṣobhyaṃ vijñāna-skaṃ(*sic*)ndhaṃ ākāśadhātuśu(*sic*)viśuddhaṃ jñānaṃ/

nābho(*sic*) Svā Ratnasaṃ{?}bhava vedanāskaṃdhaṃ// Māmakī apa(65a2)dhātu pratyavekṣaṇājñānaṃ// pādadvaya Hā Amoghasiddhiṃ saṃskāraskaṃ(*sic*)ndhan Tārā vāyudhātu kṛtyānusthāna(*sic*)jñānaṃ//

Oṃ Rūpavajre Hūṃ// Oṃ Śabdavajre Hūṃ /Oṃ Gandha(65a3)vajre Hūṃ// Oṃ Rasavajre Hoḥ/ Oṃ rpa(*sic*)śyavajre Hūṃ/ Oṃ Dharmmadhātuvajre Hūṃ// Oṃ Yamāntaka Hūṃ// Oṃ Prajñāntaka Hūṃ// Oṃ Padmāntaka Hūṃ// Oṃ Vighnāntakṛta Hūṃ//

tato(65a4)mūrddhni candramaṇḍalamadhya Oṃkāraṃ paṃcaraśmisphārayet//

Oṃ buddhakāya śrīmān trivajrābhedabhāvitā/ adhiṣṭhānam padam me [']dya kurvvantu kāyavajriṇaḥ Oṃ sarvva(65a5)tathāgatakāyavajrasvabhāvātmako 'haṃ// dha[r]mmo vaivākpatha śrīmān trī(*sic*)vajrābhedabhāvitā// adhiṣṭhāṇam padam me [']dya kurvvantu kāk(*sic*)vajriṇa{me}// Oṃ sarvvatathā(65a6) [gatavāg]vajrasvabhāvātmako [']ham// cittavajradhara śrī[mā]n trivajrābheda-bhāvatāṃ/ adhiṣṭhāna{me}m padam me [']dya kurvvantu cittavajriṇa[ṃ]//

⑱ tato caturmmaṇḍalastham ātmānaṃ bhā(7b3)vayet//

khaḍgacakrapadmavajrasaṃyutaṃ/ hṛtmadhye śū(*sic*)kṣmajñānasarvvatasya hṛdi khaḍgamuṣṭau/ Maṃkāraṃ dhyā(7b4)tvā// tato Hūṃ vajra/ madhye sūryo/ Oṃ devyākārajaṃ padmañ Jakārakiñjalkaṃ raṃdhre phaṭ/

Oṃ sarvvatathāgatā(7b5)nurāgaṇavajrasvabhāvātmako [']haṃ//

Hūṃ 3 cālanaṃ/ ante Phaṭ

Oṃ sarvvatathāgatapūjāvajrasvabhāvātmako [']haṃ/

⑲ [tato sva](8a1)mantrākṣaranispa(*sic*)nnaṃ svakāyaṃ/ padmamadhye niṣpādyaṃ Mañjuvajrāhaṃ// tato hṛdayāt/ vaṃ niścārya?, Akāracandra tata khaḍgaṃ/(8a2)khaḍgamuṣṭo Maṃkāraṃ kuṃka(*sic*)māruṇaṃ Maṃkārajanitam trimukham/ kha(*sic*)dbhujaṃ svābhaprajñāliṅgitam/ nīlasita(8a3) dakṣiṇetaravadanam/ dakṣiṇabhujena khaḍgaśaram/ vāmabhujena utpalaṃ nanu// Akṣobhyālaṅkṛtaṃ ra(8a4)tnamakuṭavajraparyaṅkinaṃ candrāsanasthaṃ candraprabhāratnābharaṇavibhūṣitaṃ svābhaprajñāMañjuvajra(8a5)m vibhāvya(*sic*)yet//

jinajik ityādi Vighnāntakaparyantaṃ uktamukhabhujāji(*sic*)bhāvayet//

svahṛdbījāraśminā (8b1)jñānasatvam ākṛṣya// yathā hi yātamātra ityādi// abhise(*sic*)ka/ pūrvvavat ākarṣaṇa/ arghādi puṣpanyāsa/ lāśyā(*sic*)/(8b2)/ ghaṇṭāvādanastuti// tarppaṇa//

tadanu mahāyogaḥ//

⑳ // nāsāgre sarṣapañ cittaṃ sarṣapaṃ sacarāca(8b3)raṃ nāsikāgre prayatnena bhāvayet yogavit sadā{ḥ}/ tathatārūpam bhāvayet/

㉑ tato caturdevyā nātha[ṃ] bo(8b4)dhayet//

tvaṃ vajracittaṃ bhuvaneśvara satvadhāto trāyāhi mā rati manojña

mahārthakāmai kāmāhi {māhi}(8b5) māṃ janakasatva mahāgrabaṃdho

tato catu[r]maṇḍalastham ātmānaṃ bhāva(65b1)yet//
khaḍgacakraṃ padmavajrasaṃyutaṃ/ hṛtmadhye śu(*sic*)kṣmajñāna sarvvatasya hṛdi khaḍgamuṣṭau/ Maṃkāraṃ dhyātvā// tato Hūṃ vajraṃ madhye sūryo/ Oṃ devyā ākārajaṃ padmaṃñ jakāla(*sic*)(65b2)kiñjakaṃ randhe phaṭ/
Oṃ sarvvatathāgatānurāgaṇavajrasvabhāvātmako [']haṃ//
Hūṃ 3 cālaṇaṃ// ante Phaṭ/
Oṃ sarvvatathāgatavajrasvabhāvātmako [']haṃ//
tato (65b3)svamantrākṣaranispa(*sic*)nnaṃ svakāyāṃ padmamadhye niṣpādya Mañjuvajrāhaṃ// tato svahṛdayāt vini(*sic*)cārya Aṃkāre candraṃ tata khaḍgaṃ// khaḍgamuṣṭo Maṃkāraṃ kuṃku(65b4)māruṇaṃ Maṃkārajanitaṃ trimukhaṃ/ khaḍ(*sic*)bhujaṃ svāda(*sic*)prajñāliṃgitaṃ/ nīlaśita(*sic*)dakṣiṇe varacandaṇaṃ// dakṣiṇabhujeṇa khaḍgaśaraṃ/ vāmabhujeṇa utpala(65b5)dhanu/ Akṣobhyālaṃkṛtaratnamakuṭaṃ vajraparyaṅkiṇaṃ candrāsanasthaṃ candraprabhāratnābharaṇavibhūṣitaṃ svāda(*sic*)prajñā Maṃjuvajraṃ vibhāvya// jinajika(65b6)ityādi// Vighnāntakaparyantaṃ uktamukhabhujāṃ vibhāvya(*sic*)yet// svahṛdbījaraśminā jñānasatvam ākṛṣye/ yathā hi jātametyādi// abhiṣeka//(66a1)pūrva•ā•pā•pū•paṃ•lā•ghaṃ•stu•ta//

tadanu mahāyogaṃ//
// piṇḍikramavat//

jadīcchasye(*sic*)[jīvatu] mahṛ nātha//

tvaṃ vajrasahakāya vajrasatva priyāgracakra(9a1)buddhārtha bodhiparamārtha hitārtha darśa rāgena rāgasamayāḥ samakāmaya tvaṃ yadīcchase jīvatu mahya nātha/

tvaṃ vajravā(9a2)ca sakalasya hitānukampī lokārtha kāryakaraṇe satasampravṛtta kāmāhi mā[ṃ] sūratacarya samantabhadra ya(9a3)dīcchase jīvatu mahṛ(*sic*)nāthaḥ/ tvaṃ vajrakāma samayāgra mahāhitārtha sambuddhavaṃsa(*sic*)tilaka samatānukampī (9a4)kāmāhi mā[ṃ] guṇanidhi bahuratnabhūtaṃ yadīcchase {vī}jīvatu mahṛ(*sic*)nātha// tato ākarṣaṇa arghādi pañco(9a5)pahārapūjā/ ghaṇṭāvādanastuti// mantratarppaṇa// ○

㉒ //jāpajo(*sic*)ga// ākarṣaṇādi pūrvvavat// //tato ā(9b1)tmānam mū[r]dhni vitastimātraṃm atikramya sampūrṇṇañ candramaṇḍalaṃ tata[ḥ] pañcāmṛtaṃ Bruṃ Āṃ Jrīṃ Khaṃ Hūṃ dravībhūtaṃ// Oṃ kārayata(*sic*)nā(9b2)t sītībhūtan tena sarvvāṅga[ṃ] prīṇayet//

㉓ tadanu bali svakāyahutaṃ Herukarūpaṃ dhyātvā Oṃ Āḥ śrī(9b3)Herukavajra Hrī samaya Hrīḥ sarvvaduṣṭamudrāprabhañjaka Hūṃ phaṭ// Oṃ Āḥ Yamāntaka sarvvaduṣṭopendrān sa(9b4)parivārān kīlaya Hūṃ/ Indrādi saparivārān vighnān daśasu dikṣu Āḥ śirapādo[?]kīla(9b5)yet// tato Yaṃjaḥ vāyumaṇḍalaṃ tadupari Raṃkāreṇāgnimaṇḍalaṃ trikoṇaṃ tadupari Āḥ kāreṇa muṇḍatrayaṃ (10a1) tadupari padmabhājanaṃ tanmadhye Brūṃ Āṃ Jrīṃ Khaṃ Hūṃ Lāṃ Māṃ Pāṃ Tāṃ Oṃ pañcāmṛtapañcapradīpaṃ Hūṃkārajaṃ cakran tena dravī (10a2)bhūtaṃ dvitri bhāvayet/ Oṃ kārayatanāt/ śītalaṃ puna[r] Oṃ Āḥ Hūṃ tata raśmināmṛtam ānīya tatreva(10a3)līnañ cintayet/ tato lokapālākarṣaṇa-

ā•pā•pū•paṃ•lā•ghaṃ•stu•ma//

tadanu jāpa// ā•pā•pū•paṃ•lā•ghaṃ (66a2)stuti ta//

tato bali// ātmānaṃ mū[r]dhni madhye vitati(*sic*)mātram ityādi//

sarvve pūrvvo piṇḍīkramavat//

mudrādarśana/ arghādi pūjā lāśyā/ ghaṇṭāvāda(10a4)nastuti// tarppaṇam//

㉔ //Oṃ Āḥ vajradhṛka(*sic*) imam baliṃ gṛhna 2 kha 2 khāhi 2 mama śānti (10a5)puṣṭiṃ kuru Hūṃ svāhā// pūjādi lāśyā(*sic*) ghaṇṭāvādanaṃ dāpayet// Oṃ Āḥ sarvvatryadhvaga(*sic*)daśadiglokadhātu (10b1)anantagagaṇasamudramegha vyūhapraśara(*sic*)paramānurajomaṇḍalaparaṃparāntargatasamāpatyā(*sic*)vasthitā dharmmadhātu(10b2)samavaśaraṇā ākāśadhātuparyavaśā(*sic*)nāḥ sarvvatryadhva(*sic*)ga(*sic*)daśadiglokadhātu anantagagaṇasa(10b3)mudramegha vyūhapraśa(*sic*)ragagaṇasamāḥ lokapālāḥ sarvvasatvāś ca tadyathā{ḥ} Oṃ Vajrāyudhaḥ Māyā(10b4)vajra Vajrānala Vajrakāla Vajrarākṣasa Nāgavajra Vajrānila Vajrabhairava Vajrasauṇḍa Vajrakro(10b5)dha Vajrakuṇḍali Vajraprabha Mona(*sic*)vajra Vemacitri Pṛthvīdevatā saparivārān idaṃ {ṣpa}puṣpaṃ [dhū]paṃ dīpaṃ ga(11a1)ndhaṃ naivebhyā(*sic*)di saṃyutaṃ balyūpahāraṃ pratīccha prabhuṃjya mama hira{ṃ}ṇyasuvarṇṇadhanadhānyāyu yauvanārogya satsukhopa(11a2)hārakān sarvvaduṣṭapraduṣṭānāṃ anyāś ca manuṣyā amanuṣyāś ca jambhaya bandhaya vidhvaṃsaya mama sa(11a3)rvvasatvānāṃ ca hiraṇyasuvarṇṇadhanadhānyāyuyovanārogyasatsukhāni mahāsukhapravṛddhaye,yā(11a4)vad ābodhimaṇḍaparyantaṃ ḍhokaya/ satsumatā śāntirakṣāñ kurutaḥ Hūṃ Oṃ Āḥ sarvvaduṣṭamudrāprabhaṃ(11a5)jaka śāntirakṣāṃ kuru svāhā// balimantra// puṣpādi pūjālāśyā(*sic*) ghaṇṭāvādanastuti śatākṣarañ ca//

㉕ aprāpte(11b1)ś cāparijñānetyādi// samayadakṣiṇā āśārthāda/ kṛto ye sarvvasatvārthetyādi// Oṃ vajra Mu viśa(*sic*)rjjana//

iti Ma(11b2)ñjuvajramukhākhyānaṃ samāptaḥ// ○ //

// iti Maṃjuvajramukhākhyāna samā(66a3)ptā//

Cambridge Add.1708 (III)

(2a1)t/ akṣobhyavajramahājñāna vajradhātumahābuddhaḥ trimaṇḍalatrivajrāgra ghoṣavajra namo [']stute// ve(*sic*)rocana mahāśuddha vajraśānti mahārate/ prakṛ (2a2)tiprabhāsvarāgragra dveṣavajra namo [']stu te// ratnarāja sugāmbhīrya khavajrākāsa(*sic*)nirmala/ svabhāvaśuddha ni[r]lepaṃ kāyavajra namo [']stu te// va(2a3)jrāmṛta mahārāja nirvvikalpa khavajradhṛk/ rāgapāramitāprāpta bhāṣavajra namo [']stu te// amoghavajra saṃbuddha sarvvāsā(*sic*) paripūra(2a4)ka śuddhasvabhāvasambhūta vajrasatva namo [']stu te// iti paṭhitvā ghaṇṭā vādayet// yadi nādimati bhavoghasamastasa[ṃ]kalpasambhūta kaluṣaṃ (2a5)ta[d] deśayāmi vidhivat mahākṛpānāṃ puraḥ sakalaṃ/ sambuddhabodhisatver(*sic*) ārye nanyeś ca yat kṛtaṃ kusa(*sic*)lam/ anumodya tad avaśeṣam samyaka(*sic*) pari(2b1)ṇāmayāmi sambuddho vilasatmano [']malyendu(*sic*)prasāditānantasatkṛpopāyān/ sarana(*sic*) prayāmi sugatān ātmanovarttinā nityaṃ/ nirmuktasakalakalpa(2b2)nāvaśeṣa satsatvasaṃpad-ādhāram/ dharmaṃ prayāmi śaraṇaṃ samastavast[v]ekarūpam// saṃmyaka(*sic*) nirastabandhanam uttamakaruṇāsamarpataśrīkam (2b3)/muditādi- bhūpraviṣṭam gato [']smi śaraṇaṃ [yatīsa(*sic*)ganam] (inserted from the mergin) āśayavipākaśuddhyā sarvvāvṛttivāsanāsamudghāti utpādayāmi bodhāv adhimuktibhūṣa(2b4)ṇaṃ cetaḥ/ sasugate sutekamārggam daśavidhadānādi śuklaguṇarūpaṃ/ sambuddhātma samastasvabhāvabuddhyā samāśrito [']smy adhunā// kṛpa(2b5)yāvalambī sakalalokam imaṃ dṛṣṭijālapariṇaddham// saṃbodhicittam atulaṃm vibhāvya vidhimatimantrī syāt// //maitrīkaruṇāmuditā u(3a1)

(4a1)jra Maṃ Hūṃ// Oṃ Raśavajre Ho Hūṃ/ pūrvvadvārasya vāmapārśve// Śarśa(*sic*)vajre Khaṃ Hūṃ// pūrvva dvārasya dakṣiṇapārśve// Dharmamdhātuvajre Raṃ Hūṃ// pūrvvādi dvāreṣu/ Yamāntakṛta Hūṃ/ Oṃ (4a2)Prajñāntakṛta Hūṃ/ Oṃ Padmāntakṛta Hūṃ/ Oṃ Vighnāntakṛta Hūṃ/ Vajrāyudha pūrvvadiśi/ tasya vāmapārśve Māyāvajra/ Vajrānala āgne/ Vajrakāla da(4a3)kṣiṇadiśi/ Vajramukh(=ṣa)ala nerṛtye/ Nāgavajra paścimadiśi/ Vajrānila vāyavye/ Vajrabhairava uttaradisi/ tasya vāmapārśve Vajra(4a4)śauṇḍa/ Vajrakrodha iśāne/ iśānasya vāmapārśve Vajrakuṇḍali/ pūrvvasya dakṣiṇapārśve Vajraprabha/ tayo[r] madhye Maunavajra/ paścima(4a5)sya dakṣiṇapārśve Vemacitra/ nerṛtyasya vāmapārśve Pṛthividevatā/ tayo[r] madhye Śeṣanāga/ iti pva(=pu)ṣpanyāsa/ sarvvatathāgatasulalita/

(4b1)***mite namāmi śrīmat Mañjuvajrabhaṭṭārakāya Jaḥ Hūṃ Vaṃ Ho praticcha kuśumāñjali nātha Ho// ityādi pañcopahārapūjāḥ// [vajra] satvasaṅgrahāt vajrara/(4b2)tnam anutara[ṃ] vajradharmagāyanaḥ vajrakarodbhavaḥ/ Oṃ Āḥ Hūṃ// Vajralāsye Hūṃ/ Vajramāle Trāṃ/ Vajragīte Hrīṃ/ Vajranṛtye Aḥ/ Vajrapva(=pu)ṣpe Hūṃ/ Vajra(4b3)dhūpe Trāṃ/ Vajrāloke Hrīṃ/ Vajragandhe Aḥ/ namaste Hūṃ namāmi Hūṃ/ namo nama Hūṃ svāhā/ anādinidhanasatvo mahārataḥ/ sama(4b4)ntabhadra sarvvātmā vajragarbhā patipati/ paramo(=mā)dyapura(=ru)ṣo bhavān vajraṃ dhārayet// eṣa paramobhavādhipati sarvvāgra parameśvaraḥ/ parama(4b5)dharmasamājñāpayati tathāgataḥ svabhāvaśuddho hi bhavasvabhāve vibhavīkṛtvaḥ/ svabhāve śuddhaḥ satsatve kriyate paramobhava ghaṇṭā Aḥ ghaṇṭādhāraye

(6a1)pekṣā// indropendrānāṃ YamāntikaPrajñāntikaPadmāntikaVighnāṃtikā līnaṃ bhavati/ Yamāntikādināṃ/ Rūpavajrāśabdavajrāgandhavajrāraśa(*sic*)va

(6a2)jrāsparśavajrādharmadhātuvajrālīna[ṃ] bhavati/ rūpavajrādīnā moharati dveṣarati rāgarati vajraratināṃ/ cāntra(*sic*)rgatam bhavati/ moharatyā(6a3)dīnāṃ VerocanaRatnasambhava-Amitābha-Amoghasiddhi cāntargataṃ bhavati/ Verocanādīnāṃ Mañjuvajre līna[ṃ] bhavati/ Mañjuvajro [']pi ṣadbhujaṃ (6a4)dvibhujabhavati// dvibhujam api Mañjuvajro [']pi ṣa(*sic*)dga[ṃ] līnam bhavati/ khaḍgam api Maṃkārabījam bhavati/ Maṃkāram api śiraṃ arddhacandraṃ bindunā(6a5)davālāgra satasahaśra(*sic*)bhāgajāvaśeṣam bhavati/ Oṃ sarvvadharmanairātmyasvabhāvātmako 'haṃ// tato pūrvvapranidhā-sāmarthena caturbhu(*sic*)tabhā(6b1)vanā bhāvayet// Yaṃkāreṇa vāyumaṇḍalaṃ/ Raṃkāreṇa agnimaṇḍalaṃ/ Vaṃkāreṇa āpamaṇḍalaṃ/ Laṃkāreṇa pṛthvīmaṇḍalaṃ/ Suṃkāreṇa sumerūṃ// tadupa(6b2)ri digabandhaṃ bhāvayet/ medanī(*sic*)vajrībhava vajrabandha Hūṃ/ vajraprākāra Hūṃ Vaṃ Hūṃ/ vajrapañjara Hūṃ Paṃ Hūṃ/ vajravitāna Hūṃ Khaṃ Hūṃ/ vajrasarajā(6b3)la Trāṃ Saṃ Trāṃ vajrajvālānalārkka Hūṃ/ tato Paṃkāreṇa padmaṃ tadupari Hūṃkāreṇa viśvavajraṃ/ Bhrūṃkāreṇa cakram cakrapariṇāmena Verocana/(6b4)tatpariṇāmena kūṭāṅgāraṃ vibhāvya// catur[a]śracaturadvāra-catutoraṇabhūṣitaṃ/ hārārddhahāraracitaṃ manivajrārddhacandrikaṃ khacitaṃ vajra(6b5)ratnais tu dvāraniryūhasandhiṣu kumbhastambhamahācakrakarmma (*sic*)śīrṣaś ca pakṣaṇī/ ghaṇṭāpatākasaṃso(*sic*)bhaṃ cāmarādivibhu(*sic*)ṣitam/ tatrābhyantare vi(7a1)śvadalapadmopari saptasūryāsanadvādaśacandrāś ca bhāvayet/ tato ātmānaṃ vajrasatvasvarūpañ ca bhāvayet/ mūlamukhaṃ śitā(*sic*)ruṇābhaṃ dakṣiṇetarakṛṣṇa(7a2)raktaṃ dakṣiṇabhujadvayena vajrakhaḍgañ ca/ vāmabhujadvayena maṇipadmadharā/ svābhopāyāliṅgita-bhujadvayena vajravajraghaṇṭādharaṃ/ vajrapra(*sic*)(7a3)ryaṅkinopaviṣṭa/ hṛdaye Hūṃkāraṃ Hūṃkāreṇa vajraṃ vajrātmako 'ham// tato pūrvvakoṣṭe candramaṇḍalopari Oṃkāreṇa cakraṃ cakraparinā(*sic*)(7a4)mena Oṃ Jinajika śita(*sic*)varṇṇam cakrādicihnadharaṃ Locaṇā(*sic*)sahasamāpatyāṃ bhāvayet// dakṣiṇakoṣṭe sūryamaṇḍalopari Trāṃkā(7a5)rabījeṇa ratnaṃ ratnaparinā(*sic*) mena ratnadhṛkaṃ/ pītavarṇṇaṃ cintāṃanicihnadharam Māmakyāsamāpatyām bhāvayet// paścime koṣṭe (7b1)sūryamaṇḍalopari Hrīkārabījena padmaṃ tatpariṇāmena Oṃ ālolika raktavarṇṇapadmādi ciṃ(*sic*)hnadharam Pāṇḍarāsahasamāpatyāṃ bhāvayet// uta(*sic*)rakoṣṭe sūrya(7b2)maṇḍalopari Khaṃkārabījena khaḍgaṃ tata(*sic*)pariṇāmena prajñādhṛka haritavarṇṇa khaḍgādi cihnadharaṃ/ Tārāsahasamāpatyāṃ bhāvayet// āgnekoṣṭe ca(7b3)ndramaṇḍalopari Lāṃkārabījena cakraṃ tatapariṇāmena Locanā śita(*sic*)varṇṇā Khi(*sic*)tigarbhasamāpatyāṃ bhāvayet/ nairṛtyakoṣṭe candramaṇḍalopari (7b4)Māṃkārabījena vajraṃ/ tata(*sic*)pariṇāmena Māmakī nīlavarṇṇā Vajrapānisamāpatyāṃ bhāvayet// vāyavyakoṣṭe candramaṇḍalopari Pāṃkārabījena ra(7b5)ktapadmaṃm tata(*sic*)pariṇāmena Pāṇḍarā raktavarṇṇā Khagarbhāsamāpatyāṃ bhāvayet// īśānakoṣṭe candramaṇḍalopari Tāṃkārabījena nīlotpalaṃ tata(*sic*)pariṇā

Appendix I Verses of the *Samantabhadra nāma sādhana* Cited in the *Mañjuvajramukhyākhyāna*

(1)回収された『普賢成就法』の偈文

本書「文献概説」で指摘したように、*Mañjuvajramukhyākhyāna*には*Samantabhadra*の第10偈から第18偈までが、「懺悔」pāpadeśanāとして引用されている。いっぽう北宋代に契丹の慈賢によって訳された『妙吉祥平等祕密最上觀門大教王經』には、「黙念大伽陀」として同一部分が第19偈まで２度に亙って漢字で音写され、最初の引用箇所には意訳も付されている。[1]

その後の調査で、この偈はケンブリッジ写本や*Śiṣyānugraha*（National Archives Nepal pra.1697[kha 2]）の冒頭など、ネパールで発見された多くの密教儀軌にも、ソースを明らかにすることなく引用されていることが判明した。

そこで以下にはリンチェンサンポ[2]とスムリティ[3]による*Samantabhadra*の二種のチベット訳と、『妙吉祥平等祕密最上觀門大教王經』の二種の漢字音写に加え、ネパール系skt.儀軌の引用から復元した原文を対照して掲載することにした。

なお参照したskt.写本は、いずれもネパール写本の常としてbaとvaの区別がなく、saとśaならびにṣaもしばしば混同されている。文法的にもかなり不正確なので、一々註することなく適宜校訂した。また[ ]は脱字と思われる箇所を修補した部分である。いっぽう*Samantabhadra*の偈番号は、金本拓士氏の

1 大正No.1192, Vol.20, 905c-906c; 914b-c.

2 *Samantabhadra nāma sādhana* (北京No.2718).

3 *Caturaṅga-sādhanopāyikā-samantabhadrā-nāma*(北京No.2719).

ものを踏襲している。[4]

(2)The Restored Verses of the *Samantabhadra nāma sādhana*

As I have already pointed out in the introduction to this volume, vv. 10-18 of the *Samantabhadra nāma sādhana* are quoted in the *Mañjuvajramukhyākhyāna* as verses of repentance (*pāpadeśanā*). Likewise vv. 10-19 appear twice in transliterated form as a "great *gāthā* to be recited silently" in the *Miaojixiang pingdeng bimi zuishang guanmen dajiaowang jing* 妙吉祥平等秘密最上觀門大教王經 (Taisho Vo1. 20, No. 1192), translated into Chinese by Cixian 慈賢 of Qidan 契丹 during the Northern Song 北宋, and in the first instance they are accompanied by a Chinese translation.[5]

Subsequent investigations have revealed that these verses are also quoted without any indication of their source in numerous Buddhist Tantric manuals discovered in Nepal, including the aforementioned Cambridge University's Add. 1708 (III) and the *Śiṣyānugraha* (National Archives of Nepal, pra. 1697 [kha 2]).

On pp.74-82 I have accordingly reproduced these verses in Tibetan translation by Rin chen bzaṅ po[6] and Smṛti[7], Chinese transliteration, Chinese translation, and Sanskrit restored on the basis of quotations found in Nepalese Sanskrit manuscripts.

As is the norm in Nepalese manuscripts, the Sanskrit manuscripts to which I

4 1986年6月の印仏学会学術大会での金本氏の発表の際、配布された資料による。

5 Taisho No.1192, Vol.20, 905c-906c; 914b-c.

6 *Samantabhadra nāma sādhana* (Peking No.2718).

7 *Caturaṅga-sādhanopāyikā-samantabhadrā-nāma* (Peking No.2719).

have referred do not distinguish between *ba* and *va*, while *sa*, *śa* and *ṣa* are also often used indiscriminately. The manuscripts also contain many grammatical errors, but I have not noted these and have simply corrected them as I saw fit. Square brackets [ ] indicate probable lacunae in the text, which I have then supplemented. The verse numbers of the *Samantabhadra nāma sādhana* follow the numbering of Kanamoto Takuji 金本拓士.[8]

(3) Restored Sanskrit text

Tibetan translation by Rin chen bzaṅ po:
gaṅ źig thog med srid pa'i chu kluṅ du/
ma lus kun rtog gis bsags rñog pa rnams/
thug rje che ldan spyan sṅar de dag ni/
cho ga bźin du thams cad bśags par bgyi//10//

Tibetan translation by Smṛti:
thog ma med ldan srid pa'i rgyun la rtog pas bsags pa'i sdig kun gaṅ/
sñiṅ rje chen po'i mdun rim bźin te thams cad bśags par bgyi//10//

Chinese transliteration in the *Miaojixiang pingdeng bimi zuishang guanmen dajiaowang jing* 妙吉祥平等祕密最上觀門大教王經:

Vol.20, 905c-906c;	914b-c.
野娜挐上聲禰末底婆　塢儗二合一	野娜曩上聲禰麼底婆去聲舞蘖上聲一

8 It is based on his handout distributed on occasion of the Annual Conference of the Japanese Association of Indian and Buddhist Studies held in June 1986.

三去聲麼娑多二合僧羯攞二合跛	薩麼薩怛二合僧去聲迦攞跛二合
三去聲婆哩二合黨迦呂商上聲二	三去聲勃哩二合黨迦呂商上聲二
怛儞舍夜弭微地嚩多二合三	怛禰灑野弭尾弟嚩怛三
摩賀訖哩二合跛曩上聲補囉娑迦楞上聲四	摩賀引訖哩二合播南補囉薩迦嚩四

Chinese translation:

我等從無始時來

所有一切不善業

世尊大慈哀愍我

聽我懺悔障消滅

Restored Verse of the *Samantabhadra nāma sādhana*:

yad anādimatibhavaughe samastasaṃkalpasaṃbhṛtaṃ kaluṣaṃ/

tad deśayāmi vidhivat mahākṛpānāṃ puraḥ sakalaṃ//10//(12-18-12-15)

rdzogs saṅs rgyas daṅ byaṅ chub sems dpa' daṅ/

'phags pa gźan gyis dge ba gaṅ mdzad pa/

de dag kun la yaṅ dag yi raṅ źiṅ/

byaṅ chub tu ni yoṅs su bsṅo bar bgyi//11//

yaṅ dag saṅs rgyas byaṅ chub 'phags daṅ gźan rnams mdzad pa'i dge ba gaṅ/

ma lus bdag gis yi raṅ yaṅ dag de ni byaṅ chub phyir bsṅo'o//11//

三母馱冒地薩怛吠二合一	三去聲沒馱冒地薩怛吠二合五
囉上聲哩曳二合囉儞室者二合	囉哩曳二合囉禰室者二合六
野怛訖哩二合黨矩舍朗二	野怛訖哩二合黨矩灑喞七

Mañjuvajramukhyākhyāna

阿上聲努謨儞也二合怛娜嚩勢爽三
三去聲弭野二合迦鉢哩曩麼野弭
三去聲冒兎四

阿上聲努謨儞也二合怛娜嚩勢餉八
三去聲弭也二合迦播哩曩上聲麼野弭九
三去聲冒兎十

一切諸佛及菩薩
八部龍王諸聖衆
我皆稽首歸命禮
咸願速登無上覺

sambuddhabodhisattvair āryair anyaiś ca yat kṛtaṃ kuśalaṃ/
anumodya tad avaśeṣaṃ samyakpariṇāmayāmi sambodhau//11//(12-18-12-18)

yid kyi rol pa dri med zla 'drar bsgrubs/
sñiṅ rje dam pa mtha' yas pa yi thabs/
raṅ gi yid la gnas par gyur pa yi/
bde gśegs rnams la rtag tu skyabs su mchi//12//

sems rgyas zla ba dri ma med las grub pas mtha' yas sñiṅ rje gnas/
bdag gi yid la gnas pa'i bde bar gśegs la rtag tu skyabs su mchi//12//

謎攞灑多二合麼努沫哩努一
鉢囉二合娑上聲儞怛難上聲怛
娑怛二合訖哩二合補播養一(sic)
設囉喃鉢囉二合野弭素我黨三
娜怛麼努嚩哩二合底曩上聲
禰底養二合四

尾攞灑麼努麼陵上聲努十一
鉢囉二合娑上聲禰多難上聲怛
薩怛二合訖哩二合播跛養十二
舍囉南上聲鉢囉二合夜弭素上聲誐黨十三
曩上聲怛麼二合麼怒上聲嚩嘌底二合努去聲
儞底養二合十四

三昧耶法如影像
世尊大慈早敷演
諸佛祕密最上法
我今三業精進業

vilasatmanāmalenduḥ prasāditānantasatkṛpopāyān/
śaraṇam prayāmi sugatān ātmamanovartinān nityaṃ//12//(12-18-12-15)

rtog pa ma lus pa las ṅes grol źiṅ/
sems dpa' dam pa kun gyi phun tshogs gźi/
dṅos po thams cad ro gcig ṅo bo ñid/
dam pa'i chos la rtag par skyabs su mchi//13//

rtog pa kun las ṅes grol ma lus dam pa sems dpa'i bkra śis gźi/
dṅos po kun gyi ṅo bor chos la bdag ñid skyabs su mchi//13//

儞哩二合穆屈多二合塞葛攞二合葛攞二合鉢娜一
沫勢灑薩怛嚩二合三去聲鉢那馱朗二
達囉軨二合鉢囉二合野弭説囉喃上聲三
三去聲麼薩怛
鏤二合悉底二合迦囉薩嚕㖠補憾切四

儞哩二合没羯怛二合藏迦攞羯攞二合播曩上聲十五
麼勢灑薩怛嚩二合三去聲鉢娜馱嘲十六
達囉軨二合鉢囉二合夜弭捨囉南十七
薩麼薩怛二合
嚩薩怛尾三合迦十八囉薩嚕吽

我等所求菩提果
普令悟解此法門
增長菩提離諸趣
云何免離三塗苦

nirmuktasakalakalpanam aśeṣasatsattvasaṃpadādhāram/
dharmaṃ prayāmi śaraṇaṃ samastavastvekarasarūpam//13//(12-18-12-15)

’chiṅ ba rnams las yaṅ dag grol gyur ciṅ/
sñiṅ rje mchog gis bskrun pa’i dpal daṅ ldan/
rab tu dga’ sogs sa par rab źugs pa/
brtul źugs dbaṅ po’i tshogs la skyabs su mchi//14//

bciṅs pas yaṅ dag spaṅs pa’i sñiṅ rje mchog gis draṅs pa’i dpal ldan pa/
rab dga’ la sogs la gnas pa dam bcas tshogs la skyabs su mchi//14//

三去聲弭野二合迦儞囉娑多二合曼捺娜一
母怛麼迦嚕拏
薩麼囉閉二合多室哩二合講二
母儞哆去聲儞謨鉢囉二合尾瑟知二合江三
糵姤悉弭二合設囉喃去聲野底舍誐喃上聲四

三去聲弭也二合誐顊引囉薩怛二合滿馱曩二十一
沒多麼迦嚕曩上聲二十二
薩沫陵二合閉怛室哩二合江二十三
沒儞多儞鋪鉢囉二合尾瑟阿姹二合二十四
誐姤悉弭二合捨囉南上聲野底灑誐南上聲二十五

正遍知尊垂慈救
普願衆生咸出離
我誓讚佛歸依禮
願證無生清淨身

samyag nirastabandhanam uttamakaruṇāsamarpitaśrīkaṃ/
muditādibhūpraviṣṭaṃ gato ’smi śaraṇaṃ yatīśagaṇam//14//(12-18-12-15)

bsam daṅ rnam par smin pa dag byuṅ bas/
sgrib pa kun gyi bag chag yaṅ dag ’byin/

lhag par mos pas rnam par brgyan pa yi/
sems ni byaṅ chub dam pa bskyed par bgyi//15//

bsam pa rnam smin dag pas sgrib kun bag chags ma lus bcom ba ste/
mos pas rnam par brgyan pa'i sems kyis byaṅ chub sems ni bskyed par bgyi//15//

阿上聲舍野尾播迦秫入聲地野二合一
薩嚩嚩哩二合底嚩薩曩薩母怛伽去聲底二
塢怛播二合娜野弭冒馱三
嚩儞穆訖帝二合尾都舍南上聲喞哆四

阿去聲灑野尾播迦秫入聲地也二合二十七
薩嚩勿哩二合底嚩薩没那誐二合底二十八
塢怛跛二合娜夜弭冒馱二十九
嚩弟穆屈底尾鋪灑南薺多三十

所願煩惱皆斷除
於菩提心恒不斷
以我功德自莊嚴
求佛菩薩菩提路

āśayavipākaśuddhyā sarvāvṛttivāsanāsamudghāti/
utpādayāmi bodhāv adhimuktivibhūṣaṇaṃ cetaḥ//15//(12-18-12-15)

bde gśegs sras bcas rnams kyi lam gcig bu/
sbyin sogs rnam bcu dkar po'i yon tan tshul/
rdzogs saṅs rgyas dag ma lus ṅo bo'i blos/
yaṅ dag ñid du da ni gnas par bgyi//16//

bde gśegs sras bcas lam gcig sbyin sogs bcu po dkar po yon tan ṅo bo la/
rdzogs saṅs rgyas dag kun gyi raṅ bźin blo yis da ltar bsten par bgyi//16//

薩素上聲怛素上聲誐底迦囉麼二合巘一
捺舍尾馱娜曩上聲儞二
秫矩攞二合虞上聲曩上聲嗙補憾切三
三母馱怛麼二合三麼娑黨二合四
娑嚩二合婆去聲嚩秫馱
三去聲麼設哩二合妒娑弭也二合度曩上聲

薩素上聲怛素上聲三十一誐帶迦麼陵虐二合三十二
娜灑尾馱娜曩儞
秫入聲屈攞二合虞入聲曩上聲嚕吽三十三
三去聲沒馱怛麼二合薩麼上聲引娑黨二合
娑嚩二合婆去聲嚩秫入聲地也二合
薩麼室哩二合姤娑弭野三合度曩上聲三十四

十波羅蜜願圓滿
獲大清淨妙法身
我等云何同於佛
應機演說大壇場

sasutasugataikamārgaṃ daśavidhadānādiśuklaguṇarūpaṃ/
sambuddhātmasamastaṃ svabhāvabuddhyā samāśrito ’smy adhunā//16//
(12-18-12-18)

sñiṅ rje ’jig rten ’di ni ma lus pa/
lta ba’i dra bas bciṅs la dmigs nas ni/
yaṅ dag byaṅ chub sems ni mñam med pa/
sṅags pas cho gas de ltar bsgom par bya//17//

’jig rten ’di dag lta ba’i dra bas bkab la sñiṅ rje dmigs nas su/
yaṅ dag byaṅ chub sems kyi gźal med bsgom rim ’di ni bsṅags pas bya//17//

訖哩二合播野嚩嚂弭野二合沫綺朗二合二
跡迦弭麼上聲儞哩二合瑟致二合惹攞

訖哩二合播夜嚩嚫弭也二合薩迦嚫三十五
路迦弭麼儞哩二合瑟致二合惹攞

跛哩曩上聲馱岡二合三	播哩曩怛罔二合三十六
三去聲冒地喞哆沫覩朗四	三去聲冒弟喞多沫覩嘲三十七
尾婆去聲弭野二合尾地儞底	尾婆去聲弭也二合尾地禰去聲底三十八
滿底哩二合寫多一	滿怛哩二合寫怛三十九

世尊大慈憐愍我
令我斷除諸障染
普證無上大菩提
顯示我等曼拏法

kṛpayāvalambya sakalaṃ lokam imaṃ dṛṣṭijālapariṇaddham/
saṃbodhicittam atulaṃ vibhāvya vidhineti mantrī syāt//17//（12-18-12-15）

ṅo bo ñid daṅ bral phyir stoṅ pa ste/
raṅ bźin rgyu daṅ bral bas mtshan ma med/
rtog pa rnams daṅ bral phyir dṅos po ni/
ma lus smon pa las ni ṅes par grol//18//

stoṅ pa raṅ bźin med phyir rgyu bral phyir ni raṅ bźin mtshan ma med/
rjes su dpag pa gsal bas ma lus gźi yi smon pa des bral lo//18//

戌　孃上聲娑嚩二合婆去聲嚩尾囉賀二	戌上聲儞養二合娑嚩二合婆去聲嚩尾入聲囉賀四十
呬上聲覩尾庾誐怛他儞張二合覩三	呬覩尾庾誐怛他去聲顬弭黨覩四十一
塢賀播誐麼捺伽上聲朗四	塢賀播誐麼娜郄嚩四十二
嚩窣覩二合鉢囉二合抳馱	嚩窣覩二合鉢囉二合顬馱曩上聲
娜哩二合穆訖黨二合	禰哩二合穆乞黨二合引四十三

得離虚妄證菩提
表示有無根本法
精進奉持諸佛教
同證無爲寂滅樂

『妙吉祥平等祕密最上觀門大教王經』より還梵
(Restored from the Chinese Phonetic Transcription)

śūnyaṃ svabhāvavirahaṃ hetuviyogata[yā]thānimittan tu/
ūhāpagamanākhilaṃ vastupranidhānanirmuktaṃ//18//(12-18-12-15)

(4)『普賢成就法』のmetreとrhetoricについて

*Samantabhadra*には、二種のチベット訳がある。上に見るようにリンチェンサンポ訳が９音節４句によって１偈をなすのに対し、スムリティ訳は13ないし19音節２句によって１偈を構成し、[9]内容にも若干の異同があるため、両者が同一のテキストから訳出されたかは、疑問とされていた。

いっぽう慈賢の漢字音写は、原則として１偈を４句に訳出している。[10]ところが復元された第10偈から19偈までは１padaの音節数が一定せず、韻文であるのか明確でなかった。ところがskt.註の第95偈の釈に、「《蓮華の中》で

9 松長 1980, 257.

10　なお最初の漢字音写に見られる「一」「二」「三」「四」の小字は、サンスクリット写本上のダンダの位置に相当し、ほぼ第一、第二、第三、第四padaに対応するが、第十七偈以降は、第一padaが「二」と表記され、ズレが生じている。

始まり、供養で終わる六つのアールヤによって、その儀軌を仰せられた。」[11]
とあることから、『秘密集会』からの引用偈を除く*Samantabhadra*の全文が、アールヤ調で綴られている可能性が出てきた。

そこで上掲部分が、この韻律に合致するかを調査した。アールヤは、1 padaの音節数を限定せず、母音の長短のみによって律せられる韻律である。そこで各padaの母音数を、韻律上短い母音を１、長い母音を２として計算したところ、アールヤ(12-18-12-15)、ギーティ(12-18-12-18)の二種の韻律が検出された。アールヤやギーティの場合、第１と第２、第３と第４padaを接合し、１偈を２行で書く場合が多い。スムリティの１偈を２行とする訳出方法は、このようなアーリヤ調の綴り方を模倣したものと考えられる。

つぎにskt.註から抽出された*Samantabhadra*の本文を用いて、両訳の相違を検討してみよう。

第56偈にĀḥ daṅ Oṃ niとある部分は、スムリティ訳ではA daṅ phyag 'tshal gñis kyis[12]となって意味不明だったが、回収されたskt.ではOṃ字がpraṇavaと表現されており、スムリティはこれをpraṇamaと誤認して、phyag 'tshalとしたらしい。

いっぽう第55偈のsvahṛdīndauは、スムリティ訳ではraṅ sñiṅ zla ba'iと正しく訳されているが、[13]リンチェンサンポ訳では、字数の関係でraṅ zla yisと省略されている。このように註から回収された原文によって、両者の訳文の相違を合理的に説明できることが少なくない。したがって両者は、ほぼ同文のサンスクリット韻文を、別の体裁で訳出したものと判明した。

---

11 tam vidhi[ṃ] kamalodara ityādinā āryāṣaṭkena pūjāparyantenāha (田中2017, 126)

12 北京 Vol.65, 20-3-3.

13 北京 Vol.65, *ibid.*

復元された上掲のskt.からは、ジュニャーナパーダが晦渋な偈文を好んだことが看守できる。また一偈中に同系統の音（歯音や歯擦音）を多用したり、同音反復（sasutasugata;satsattva）の常用も顕著である。なお三種のネパール系skt.写本は、このような難解な箇所においてしばしば混乱を示しており、書写した者も正しく意味を把握していなかったことを示している。

いっぽうskt.註からは、四忿怒の一尊ヤマーンタカを説く第86偈では、YamāntakaがVaivasvantāntakārin[14]（ヴィヴァスヴァト神の子＝ヤマを調伏するもの）、「蛇によって身体の四肢を装飾せり」は、krūrabhujaṅgāṅgai[r] bhūṣaṇaḥ[15]と綴られていることが判明した。これもantāntaとかaṅgāṅgaという、同一音の反復を故意に用いたものと思われる。

*Samantabhadra*の原文は一部しか回収されていないので、全貌は明らかにできないが、ジュニャーナパーダが用いた修辞法は、正統的なalaṅkāraのように技巧的ではなかったと思われる。しかしアールヤという大衆的な韻律の採用とも相まって、このような通俗的なrhetoricが他所にも用いられていた可能性は十分に考えられた。その後、加納和雄が、ラサのチベット博物館に展示されていた樺皮の古写本が*Samantabhadra nāma sādhana*の梵本であることを発見し、展示されていた２葉の片面のローマ字化テキストを発表した。加納の研究も、著者の推定を裏づけている。[16]

(5) The Metre and Rhetoric of the *Samantabhadra nāma sādhana*

There are two Tibetan translations of the *Samantabhadra nāma sādhana*, and

14 田中 2017, 108.

15 田中 2017, *ibid.*

16 加納 2014, 69.

in Rin chen bzaṅ po's translation each verse consists of four lines of nine syllables each, while in Smṛti's translation each verse consists of two lines of thirteen to nineteen syllables each.[17] There are also some minor differences with regard to content, and there had been some doubt as to whether they were in fact translations of the same text. In Cixian's two Chinese transliterations, on the other hand, each verse generally consists of four lines.[18]

Meanwhile, in the restored Sanskrit verses 10-19 the number of syllables in each *pada* is not fixed, and it was not clear whether or not they had in fact been composed in metrical verse. In the Sanskrit commentary on v. 95, however, it is stated that "he gave directions by means of six *āryas* starting from 'inside the lotus' and ending with offerings,"[19] and this would suggest that the entire text of the *Samantabhadra* apart from quotations from the *Guhyasamāja-tantra* may have been composed in the *ārya* metre.

The *ārya* is a form of metre in which the number of syllables in each *pada* is not fixed, and instead it is governed by vowel length alone. An examination of the restored verses revealed that they evidence two kinds of metre, *viz.* the *ārya*,

17 Matsunaga 1980, 257.

18 The Chinese numerals in smaller characters— 一 (one), 二 (two), 三 (three), 四 (four) —occurring in the first Chinese transcription indicate the presence of punctuation marks (*daṇḍa*) in the original Sanskrit manuscript and correspond to the first, second, third, and fourth lines (*pada*) of the verse respectively. However, from v. 17 onwards 二 (two) occurs at the end of the first line, resulting in a deviation from the actual line numbers.

19 *tam vidhi[ṃ] kamalodara ityādinā āryāṣaṭkena pūjāparyantenāha* (Tanaka 2017, 126)

consisting of 12, 18, 12 and 15 *mātrā* or morae, and the *gīti*, consisting of 12, 18, 12 and 18 *mātrā*. In the case of the *ārya* and *gīti* metres, the first and second *padas* and the third and fourth *padas* are often combined and each verse is written as only two lines. It is possible that Smṛti's method of translation, with each verse consisting of two lines, is modelled on this way of writing verse in the *ārya* metre.

Next, I wish to compare the two Tibetan translations on the basis of the Sanskrit text of the *Samantabhadra* retrieved from the Sanskrit commentary. Firstly, the phrase in v. 56 that was translated by Rin chen bzaṅ po as *Āḥ daṅ Oṃ* has been translated by Smṛti as *A daṅ Phyag 'tshal gñis kyis,*[20] the meaning of which had been unclear. In the Sanskrit text, however, *Oṃ* is expressed as *praṇava*, and so it would appear that Smṛti mistook this for *praṇama*, which he rendered by *phyag 'tshal*.

The phrase *svahṛdīndau* appearing in v. 55, on the other hand, has been correctly translated by Smṛti as *raṅ sñiṅ zla ba'i,*[21] while Rin chen bzaṅ po has abbreviated it to *raṅ zla yis* for metrical reasons. There are many similar instances in which it is possible to explain in rational terms differences in the two Tibetan translations on the basis of the Sanskrit text retrieved from the Sanskrit commentary. It is thus evident that both Tibetan versions were translated from more or less identical Sanskrit verse texts but in different styles.

---

20 Peking Vol.65, 20-3-3.

21 Peking Vol.65, *ibid.*

It is to be observed from the restored Sanskrit verses that Buddhajñānapāda had a predilection for obscure diction. He also makes repeated use of similar sounds (e. g., dentals and sibilants) within the same verse and is wont to repeat identical syllables (e.g., *sasutasugata*, *satsattva*). It may be noted that the three Nepalese manuscripts show evidence of considerable confusion in difficult passages such as these, thus indicating that the scribes themselves did not have a correct grasp of the meaning.

The Sanskrit commentary also shows that in v. 86, dealing with Yamāntaka, one of the four gatekeepers, Yamāntaka is referred to as *Vaivasvantāntakārin* ("he who destroys the son of Vivasvat [=Yama]")[22] and *krūrabhujaṅgāṅgai[r] bhūṣaṇaḥ* ("he whose limbs are adorned with fierce snakes").[23] These locutions too were presumably chosen on account of the repetition of identical sounds in *-antānta-* and *-aṅgāṅga-*.

The Sanskrit text of the *Samantabhadra* has been retrieved only in part, and so full details remain unclear, but it would seem that Buddhajñānapāda's rhetoric was not as elaborate as that of orthodox *alaṅkāra*. There is, however, a strong possibility that, in conjunction with his adoption of the *ārya* metre with its popular appeal, he used elsewhere too commonplace rhetorical techniques such as those noted above.

Subsequently, Kanō Kazuo 加納和雄 identified a Sanskrit manuscript of the

22 Tanaka 2017, 108.

23 Tanaka 2017, *ibid.*

Samantabhadra nāma sādhana among the exhibits at the Tibet Museum in Lhasa. However, he transcribed only a single side of two consecutive folios that happened to be exhibited at the time.

Kanō's study also supports my assumption.[24]

24 Kanō 2014, 69.

Appendix II A Comparison of the Salutation Verse to Mañjuvajra

Mañjuvajramukhyākhyāna (IASWR Manuscript)

(4a3)vibhrāna(*sic*)m buddhabimbaṃ divasakala(*sic*)dharorāsepābindulekhya

maitrīyam cārurūpaṃ sirase varatanuṃ Mañju(4a4)ghoṣañ ca gātraṃ/

padmotthaṃ danda(*sic*)rūpam kulitavavapuṣam vajriṇaṃ bhīma{bhāvaṃ}nādaṃ

vijñānaṃ jñānarūpaṃ nihi(4a5)tabhavabhayam pañcamūrttin namāmi//

Catuṣpīṭhāloka (National Archives Nepal, 3-360=NGMPP B30/37)

vibhrāṇaṃ buddhabimban divasakaradharollāsibālendulekhaṃ

maitreyaṃ cārurūpa[ṃ] sirasi varatanum Mañjughoṣañ caigātro

padmo(l.2)tthan daṇḍarūpaṃ kuṭikatavapuṣaṃ vajriṇam bhīmanādaṃ

vijñānaṃ jñānarūpaṃ nihatabhavabhayaṃ pañcamūrttim praṇamya/

Ārya-catuṣpīṭha-ṭīkā (Peking No. 2479, Tohoku No. 1608)

zla ba gźon pa'i steṅ na ñin byed thig le 'dzin pa'i saṅs rgyas kyis brgyan pa/

mdzes pa'i gzugs can byams pa'i mgo ste sku mchog 'jam pa'i[1] lus la yaṅ/

dbyig pa'i gzugs ni padma las byuṅ 'gugs pa'i sku ni 'jigs pa'i ṅa ro rdo rje can/

rnam śes ye śes kyi gzugs srid pa'i 'jigs pa 'joms byed lṅa[2] yi spyi gtsug la phyag 'tshal//

---

1 P.: dpa'i

2 D.: lha

Appendix III A Comparison of the *Mañjuvajrabalimantra*

Mañjuvajramukhyākhyāna

Oṃ Āḥ sarvvatryadhvaga(*sic*)daśadiglokadhātu(10b1)anantagagaṇasamudra meghavyūhapraśara(*sic*)paramānurajomaṇḍalaparaṃparāntargatasamāpatyā(*sic*) vasthitā dharmmadhātu(10b2)samavaśaraṇā ākāśadhātuparyavaśā(*sic*)nāḥ sarvvatryadhva(*sic*)ga(*sic*)daśadiglokadhātu anantagagaṇasa(10b3)mudramegha vyūhapraśa(*sic*)ragagaṇasamāḥ lokapālāḥ sarvvasatvāś ca tadyathā{ḥ} Oṃ Vajrāyudhaḥ Māyā(10b4)vajra VajrānalaVajrakāla Vajrarākṣasa Nāgavajra Vajrānila Vajrabhairava Vajrasauṇḍa Vajrakro(10b5)dha Vajrakuṇḍali Vajraprabha Mona(*sic*)vajra Vemacitri Pṛthvīdevatā saparivārān idaṃ {ṣpa}puṣpaṃ [dhū]paṃ dīpaṃ ga(11a1)ndhaṃ naivebhyā(*sic*)di saṃyutaṃ balyūpahāraṃ pratīccha prabhuṃjya mama hira{ṃ}ṇyasuvarṇṇadhanadhānyāyu yauvanārogya satsukhopa(11a2)hārakān sarvvaduṣṭapraduṣṭānāṃ anyāś ca manuṣyā amanuṣyāś ca jambhaya bandhaya vidhvaṃsaya mama sa(11a3)rvvasatvānāṃ ca hiraṇyasuvarṇṇadhanadhānyāyuyovanārogyasatsukhāni mahāsukhapravṛddhaye yā(11a4)vad ābodhimaṇḍaparyantaṃ ḍhokaya/ satsumatā śāntirakṣāṅ kurutaḥ Hūṃ Oṃ Āḥ sarvvaduṣṭamudrāprabhaṃ (11a5)jaka śāntirakṣāṃ kuru svāhā//

The *Daśatattva* of rGyan pa (Peking No. 2759)

(247a3)Oṃ Āḥ sarvvatraidhāja(*sic*)daśadik-lokadhātu-ānantagagana/ samudra meghavyūhaprasaraparamānu[ra]jomaṇḍala/ paraṃpara-antargatasamapatyā(*sic*) va(a4)sthitāḥ/ dharmadhātusa[ma]vasara ākāśadhātuparyavāsana/ sarvatryadhvajadaśadik-lokadhātu-ānantagagana/ samudrameghanavyūha-prasaragagaṇasamā/ sarvalokapālasarvvasatvāś ca/ tadyathā/ Vajrayudha/ Māyavajra Vajrānala/ Vajrakāla/ Vajramuṣala/ Nāgavajra/ Vajrānīla(*sic*)/ Vajrasoṇḍa(*sic*)/ (a5)Vajrabhairava/ Vajrakrodha/ Vajraprabhā/ Vajrakuṇḍali/ Mūna(*sic*)vajra/ Vimacitra(*sic*)/ Pṛthvīdevatā/ saparivāra idan/ puṣpa/ dhūpa/ dīpa/ gandha/ naividhyādi(*sic*)saṃyuktaṃ baliṃ upaharaṃ pratīccha/ upabhujya mama sarvasatvāñ ca/ hiraṇyasuvarṇa/ dhanadhānya/ āyuḥ yovana(*sic*) arogya/ satsukha āpahara(a6)kān sarvavighnāṃ vināyakān/ sarvaduṣṭān praduṣṭān/ jaṃbhaya staṃbhaya/ bandhaya/ vidhvansāya mama hiraṇyasuvarṇa/ dhanadhānya/ āyuḥyovana(*sic*)/ arogya/ satsukhāni mahāsukhāni/ pṛ(*sic*)ddhaye/ yāvad ābodhimaṇḍaparyanta/ ḍhokaya dyamatasahayi tvaṃ/ śāntiṃ rakṣāñ ca kuru Hūṃ/

The *Balimālikā* (Peking No. 5901)

(21)Oṃ Āḥ sarvatryadhājagaddaśadiklokadhātvanantagaganasamudrameghavyūhaprasaraparamāṇurajo maṇḍalaparaṃparāntargatasamāpattyā vasthitadharmadhātusamavasaraṇā ākāśadhātūpamāvāsanaḥ sarvatryadhvajagaddaśadik lokadhātvanavyūhaprasaragaganasamāḥ sarvalokapālāḥ sarvvasatvāñ ca/ tadyathā/ Vajrāyudha/ VajrakālaNāgavajra VajrabhairavaVajranala(*sic*)VajramuṣalaVajranīla(*sic*)VajrakrodhaVajramauna{va}VajramāyāVajraśauṇḍaVajrasra[=pra]bhaVajrakrodhaVemacitriPṛthivi-devatāḥ saparivārā idaṃ baliṃ puṣpaṃ dhūpaṃ dīpaṃ gandhaṃ/ naivedyādikaṃ yuktaṃ/ balyupahāraṃ pratīccho babhūjyaṃ/ mama sarvavighnavināyakāna sarvaduṣṭāna manuṣyāna jaṃbhayata staṃbhayata/ bandhayata/ vidhvansayata/ mama hiraṇyasuvarṇadhanadhānyāyuyauvanāraugyasatsukhāni mahāsukha-vivṛddhaye/ yāvatā bodhimaṇḍaparyantaṃ ḍhaukayata mama sahāyavyāṃ/ śāntiṃ puṣṭiṃ rakṣāñ ca kuru Oṃ Āḥ Mañjuvajra Maṃ Hūṃ svāhā/ Mañjuvajravāgīśvarabaliḥ/

Balimālā (Cambridge, Ms. Add. 1697[12])

(6b5) Oṃ Āḥ Hūṃ sarvatryadhvagadaśadigloka(7a1)dhātunantagaganasamudrameghavyūhaprasaraparamānurajomaṇḍalaparaṃparāntargatasamāpatyāvasthitādharmadhātusamavaśaraṇā ākāśadhātuparyava(7a2)śānāḥ Oṃ Āḥ sarvatryadhvaṃgadaśadiklokadhātvanantameghavyūhaprasaragaganasamāḥ sarvalokapālā sarvvasatvāś ca/ tadyathā/ VajrāyudhaVajrakālaNāgavajra Vajrabhai(7a3)ravaVajrānalaVajramuṣalaVajranīla(*sic*)Krodhavajra MaunavajraMāyāvajraVajrasauṇḍa(*sic*)VajrakuṇḍaliVajraprabhaVemacitri Pṛthivīdevatāḥ saparivārā i(7a4)maṃ puṣpaṃ dhūpadīpagandha naivedyādisaṃyuktaṃ balyupahāraṃ pratīccho babhūjya mama sarvavighnavināyakān sarvaduṣṭapraduṣṭānāṃ manuṣyāmanuṣyān jaṃbhaya [s]taṃbhaya ba(7a5)ndhaya vidhvaṃsayata mama hiraṇyasuvarṇṇadhanadhānyāyuyovanārogyasatsukhāni mahāsukhavivṛddhaye yāvad ābodhimaṇḍaparyantaṃ ḍhaukayata mama sa(7b1)hāyatāṃ śāntpuṣṭiṃ rakṣāñ ca kuruta Oṃ Āḥ Mañjuvajra Maṃ Hūṃ svāhā// Mañjuvajravāgīśvarabali// 22 //

ビブリオグラフィー (Bibliography)

【邦文】[Japanese]

乾仁志[Inui, Hitoshi] 1984,「Vajradhātumukhākhyānaについて」[On the *Vajradhātumukhākhyāna*]『印仏研』32-2(通巻64号), 166-167.

加納和雄[Kano, Kazuo] 2014, 「普賢成就法の新出梵文資料について」[Newly Available Sanskrit Material of Jñānapāda's *Samantabhadrasādhana*]『密教学研究』第46号, 61-73.

酒井真典[Sakai, Shinten] 1956, 『増補修訂 チベット密教教理の研究(一)』[A study of esoteric Buddhist doctrine in Tibet (enl. & rev. ed.)]国書刊行会。

田中公明[Tanaka, Kimiaki] 1987, 「『秘密集会』ジュニャーナパーダ流の新出文献Mañjuvajramukhyākhyānaについて」[On the newly discovered *Mañjuvajramukhyākhyāna* of the Jñānapāda school of the *Guhyasamāja-tantra*] 高崎直道博士還暦記念論集『インド学仏教学論集』(春秋社)413-426.

— 1996, 『インド・チベット曼荼羅の研究』[Studies in the Indo-Tibetan maṇḍala](法藏館)

— 2010, 『インドにおける曼荼羅の成立と発展』[Genesis and Development of the Maṇḍala in India](春秋社)

— 2017, 『梵文 普賢成就法註研究』[*Samantabhadra nāma sādhana-ṭīkā*, Introduction, Romanized Sanskrit Text and Translation][日英版](渡辺出版)

田中公明[Tanaka, Kimiaki]・吉崎一美[Yoshizaki, Kazumi] 1998, 『ネパール仏教』[Nepalese Buddhism](春秋社)

羽田野伯猷[Hatano, Hakuyū] 1950, 「秘密集タントラにおけるJñānapāda流について」『文化』復刊第5号

— 1958,「Tāntric Buddhismにおける人間存在」『東北大学文学部研究年報』

第9号

堀内寛仁 [Horiuchi, Kanjin] 1983, 『初会金剛頂経の研究』梵本校訂篇（上）[A study of the *Sarvatathāgatatattvasaṃgraha*: Critical edition of the Sanskrit text]（密教文化研究所）

松長有慶 [Matsunaga, Yūkei] 1978, 『秘密集会タントラ校訂梵本』[The Guhyasamāja tantra]（東方出版）

— 1980, 『密教経典成立史論』[A history of the formation of esoteric Buddhist scriptures]（法藏館）

宮坂宥勝 [Miyasaka, Yūshō] 1967, 「チベット所伝のBalimālikā梵本について」[On the Sanskrit Text of Balimālikā in the Tibetan Buddhist Canons]『密教学』[The Mikkyogaku] 3号, 73-90.

森口光俊 [Moriguchi, Mitsutoshi] 1982,「Vajra-dhātu-mukh'ākhyāna-deguri-vidhi」『大正大学綜合仏教研究所年報』4号, 248-234.

— 1983,「Vajra-dhātu-mukh'ākhyāna-deguri-vidhiḥ, I」『大正大学綜合仏教研究所年報』5号, 165-164.

— 1984, 「Vajra-dhātu-mukh'ākhyāna-deguri-vidhiḥ, II」那須政隆博士米寿記念『仏教思想論集』, 26-45（R）.

— 1985, 「Palm Ms: Sarvavajrodakāについて—belonging to National Archives, C. No. tṛ 360—」『大正大学綜合仏教研究所年報』6号, 218（11）-198（31）.

— 1988,「Vajradhātu-mukh'ākhyāna-deguri-vidhiḥ, III」『密教文化』162, 127-170（L）.

吉水千鶴子[Yoshimizu, Chizuko] 1985,「Jñānapāda流における瑜伽行中観説」[On the Yogacāra-Mādhyamika Theory in the Jñānapāda School]『印仏研』34-1（通巻67号）, 383-381.

【欧文】[Western Languages]

Bagchi, S. 1965. *Guhyasamājatantra*, Darbhanga 1965: The Mithila Institute.

Bahulkar, S. S. 2010. *Śrīguhyasamājamaṇḍalavidhiḥ*. Sarnath: CIHTS.

Bhattacharyya, B. 1931: *Guhyasamāja Tantra or Tathāgtaguhyaka*. Baroda: Oriental Institute.

— 1968. *Sādhanamālā*. 2 vols. Baroda: Oriental Institute.

— 1972. *Niṣpannayogāvalī*. Baroda: Oriental Institute.

Chakravarti, Chintaharan. 1984. *Guhyasamājatantrapradīpodyotanaṭīkā*. Patna: K. P. Jayaswal Research Institute.

IASWR. 1975. *Buddhist Sanskrit Manuscripts,* A Title List of the Microfilm Collection of the Institute for Advanced Studies of World Religions. New York.

Matsunami, Seiren. 1965. *A Catalogue of the Sanskrit Manuscripts in the Tokyo University Library*. Tokyo: Suzuki Research Foundation.

Patel, P. B. 1949. *Cittaviśuddhiprakaraṇa*. Santiniketan: Visva Bharati.

Skorupski, Tadeusz. 1983. *The Sarvadurgatipariśodhanatantra,* Elimination of All Evil Destinies, Delhi: Motilal Banarsidass.

Sinclair, Iain. 2017. *The Appearance of Tantric Monasticism in Nepal*, A History of the Public Image and Fasting Ritual of Newar Buddhism, 980-1380, Geelong: The Gordon Insititue.

Tanaka, Kimiaki. 2016. *Samājasādhana-vyavastholi* of Nāgabodhi/Nāgabuddhi, Introduction and Romanized Sanskrit and Tibetan Texts, Tokyo: Watanabe Publishing.

Tanaka, Kimiaki. 2017. *The Sanskrit Commentary on the Samantabhadra nāma sādhana of Buddhajñānapāda*, Introduction, Romanized Sanskrit text and

Translation, Tokyo: Watanabe Publishing.

La Vallée Poussin, Louis de. 1896. *Études et textes tantriques, Pañcakrama*, Gand & Louvain: J. B. Istas.

Wayman, Alex. 1977. *Yoga of the Guhyasamājatantra*. Delhi: Motilal Banarsidass.

【蔵文】[Tibetan]

Bu ston, Rin chen grub, *gSaṅ 'dus 'Jam pa'i rdo rje'i dkyil 'khor gyi cho ga, 'Jam pa'i dbyaṅs kyi byin rlabs kyi rnam 'phrul* 東北蔵外 No. 5090 他。

'Jam dbyaṅs blo gter dbaṅ po: *dPal gsaṅ ba 'dus pa 'jam pa'i rdo rje'i dkyil 'khor gyi cho ga, Si tāḥi kluṅ chen 'jigs bral seṅ ge'i kha 'babs źes bya ba, rGyud sde kun btus* Ja 帙所収。

【ネパール語】[Nepalese]

Pūrṇaratna Vajrācārya 1965, *Bṛhatsūcīpatram*, Bauddhaviṣayaka Vol.1, Kathmandu: Vīrapustakālaya, Vikrama saṃvat 2021 (≒1965).

— 1967, *Bṛhatsūcīpatram*, Bauddhaviṣayaka Vol.3, Kathmandu: Vīrapustakālaya, Vikrama saṃvat 2023 (≒1967).

Hemarāja Śākya 1974, *Nepāla Lipi-Prakāśa*, Kathmandu: Nepala rājakīya prajñā pratiṣṭhāna, Vikrama saṃvat 2030 (≒ 1974)

あとがき

本書は、著者が1987年に、高崎直道博士還暦記念論集『インド学仏教学論集』(春秋社)に寄稿した「『秘密集会』ジュニャーナパーダ流の新出文献Mañjuvajramukhyākhyānaについて」に大幅な改訂を施した、日英二カ国語版の研究書である。

『秘密集会タントラ』には「聖者流」「ジュニャーナパーダ流」という二大流派があるが、「聖者流」に比して、「ジュニャーナパーダ流」の研究は立ち遅れている。その原因の一つは、「聖者流」の重要典籍のサンスクリット原典がネパールで発見され、校訂テキストが出版されているのに対し、ネパールからは、「ジュニャーナパーダ流」のサンスクリット原典が発見されていなかったからである。ところが著者が、ニューヨークのIASWRが頒布したネパールのサンスクリット写本*Mañjuvajramukhyākhyāna*を分析したところ、『秘密集会』「ジュニャーナパーダ流」を特徴づける文殊金剛十九尊曼荼羅の儀軌であることが判明した。ただしIASWRのマイクロフィッシュは、末尾の１葉を撮影しておらず、ピントがあっていない齣も存在した。

そこで1988年から1989年にかけてNepal Research Centreの客員研究員としてネパールに留学したのを機に、本写本を捜索したところ、IASWRの現地協力者だったManavajra Bajrācāryaと知り合い、写本を実見するとともに、写真を撮影することができた。1988年12月13日のことと記憶している。

そこで今回、IASWR写本に加え、1987年には、その存在を知らなかった東京大学写本と、ケンブリッジ大学写本のローマ字化テキストを対照させ、さらに文献概説とビブリオグラフィーを付して、一冊のモノグラフとして刊行することにした。

近年、『秘密集会』「ジュニャーナパーダ流」のサンスクリット写本が、チベット自治区に所蔵されていることが明らかになったが、外国の研究者には公開されていない。中国国内のサンスクリット写本が外国で公開される場合、中国の研究者と欧米の大学・研究機関の共同プロジェクトとなることが多い。小さな民間の研究機関に属する著者が、このようなプロジェクトに参画する可能性は、ほとんどないといってよい。日本の研究者が、どのようなパイオニア的な研究をし、どれだけの事実を明らかにしたのかを英語で発表しておかないと、将来、外国において当該分野の研究が進捗しても、これまでの日本の研究が、完全に無視されることになりかねない。著者が、本書のような、日英二カ国語のインド・チベット仏教のモノグラフ刊行に力を入れているのは、そのためである。

本写本の研究では、Manavajra BajrāchāryaやNepal Research Centreのスタッフなど、多くのネパール関係者のお世話になった。しかし多くの方々が物故され、本書を進呈できないのが残念である。また畏友イアイン・シンクレア氏には、英文校閲だけでなく、種々の有益な助言を頂戴した。種智院大学のスダン・サーキャ教授には、この「あとがき」をネパール語に翻訳して頂いた。さらに本書の刊行を引き受けられた(有)渡辺出版の渡辺潔社長にも大変お世話になった。末筆となって恐縮であるが、記して感謝の意を表したい。

2018年1月18日

著　者

Postscript

This volume is a Japanese-English bilingual study of the Sanskrit manuscript, the *Mañjuvajramukhyākhyāna* which I had previously contributed to *Indogaku bukkyōgaku ronshū* インド学仏教学論集 [Collected essays on Indology and Buddology] published on occasion of Prof. Jikido Takasaki's 60th birthday in 1987. Before publishing, I have updated my previous study based on the latest findings of the research.

There are two main lineages deriving from the *Guhyasamāja-tantra*—the Ārya school and the Jñānapāda school. In the study of the *Guhyasamāja-tantra*, research into the Jñānapāda school has lagged behind that of the Ārya school, and the chief reason for this has been the fact that, in contrast to the Ārya school, none of the Sanskrit originals of any of its basic texts had been discovered in Nepal.

About thirty yeas ago, I discovered that a manuscript entitled *Mañjuvajramukhyākhyāna*, included among the Buddhist Sanskrit manuscripts in the microfiche collection of the Institute for Advanced Studies of World Religions (IASWR) in New York, is a ritual manual of the nineteen-deity maṇḍala of Mañjuvajra characteristic of the Jñānapāda school. Unfortunately, IASWR failed to photograph the final folio and several frames were difficult to read due to out-of-focus.

Subsequently I was able to visit Nepal in 1988-89 as a visiting research fellow at the Nepal Research Centre, and taking advantage of this opportunity, I eagerly searched this manuscript. Meanwhile, I became acquainted with Manavajra Bajrāchārya who had supported the project of IASWR in Nepal and could examine and photograph the manuscript of the *Mañjuvajramukhyākhyāna*. This was on December 13, 1988, I remember.

In this volume, I have presented on the left-hand side of the page the romanized text of the IASWR manuscript and on the right-hand side the romanized text of the University of Tokyo manuscript which I did not know its existence in 1987. Moreover, I attached the romanized text of the Cambridge manuscript for comparison. I also appended other studies related to this manuscript and attached the bibliography at the end.

As was noted in the introduction to this volume, recent studies have made it clear that Sanskrit manuscripts belonging to the Jñānapāda school are preserved in the Tibet Autonomous Region. However, they are not accessible to foreign researchers. In many cases, Sanskrit manuscripts preserved in China are published through joint research projects between Chinese scholars and Euro-American universities or research institutes. It is very difficult for a researcher like myself, belonging to a small private research institute, to participate in such joint projects between China and other countries. But if Japanese scholars do not publish their research and academic findings in English, their research may end up being completely overlooked even when their findings may help to advance research overseas. This is why I have made the effort to publish Japanese-English bilingual monographs dealing with Indo-Tibetan Buddhist studies.

Lastly, I would like to offer my heartful thanks to all those who have helped my study in Nepal, including the late Manavajra Bajrāchārya, staff of Nepal Research Centre, other teachers and friends in Nepal. It is regrettable not to present a copy of this volume to them since most of them had already passed away and Nepal Research Centre itself no longer exists. I also express my heartful gratitude to Dr. Iain Sinclair, who oversaw the English translation and gave me helpful advice; Prof. Sudan Sakya, who translated this postscript into Nepalese and Mr. Kiyoshi Watanabe, the president of Watanabe Publishing Co., Ltd., who undertook to publish this book with great care.

20 January 2018

Kimiaki TANAKA

परिच्छेद (Postscript)

यो पुस्तक संस्कृत पाण्डुलिपि "मञ्जुवज्रमुख्याख्यान"को जापानी-अंग्रेजी द्विभाषीमा लेखिएको अनुसन्धानमक संस्करण हो । यो प्रकाशन सन् १९८७ मा प्राध्यापक डा. ताकासाकि जिकिदोको ६०औँ जन्मदिनको उपलक्ष्यमा प्रकाशित Indogaku Bukkyōgaku Ronshū (इन्दोलोजि एवं बौद्ध अध्ययन सम्बन्धका लेखसंग्रह) मा लेखिएको मेरो अघिल्लो लेखमा आधारित संशोधित शोधपत्र हो।

आर्य र ज्ञानपाद गुह्यसमाजतन्त्रमा उल्लेख भएका दुइ मुख्यवंशहरु हुन् । गुह्यसमाजतन्त्रको अध्ययनमा, आर्यवंशको भन्दा ज्ञानपादवंशको अनुसन्धान कम भएको पाइन्छ । त्यसको मुख्य कारण यो हो की आर्यवंशको संस्कृत मूलका आधारभूत पाठ्यवस्तु (पाण्डुलिप) हरु नेपालमा फेला पालिए र त्यसको संपादित संस्करण पनि प्रकाशित भयो । तर ज्ञानपादवंशसंग सम्बन्धित संस्कृत पाण्डुलिपिहरु भने नेपालबाट पत्ता लागेको थिएन । करिब तीस वर्ष अघि, अध्ययनको क्रममा मैले न्यूयोर्कमा अवस्थित Institute for Advanced Studies of World Religions (IASWR) को microfiche संग्रहमा समावेश भएको मञ्जुवज्रमुख्याख्यान नामक पाण्डुलिपिको विश्लेषण गरैं । जसबाट उक्त पाण्डुलिपि ज्ञानपादवंशको विशेषतामा आधारित मञ्जुवज्र सहितको उन्नाइस-देवीदेवताहरुको मण्डलविधि हो भन्ने कुरा पत्ता लगाएँ । दुर्भाग्यवश, IASWR ले त्यसको अन्तिम फोलियोको तस्बीर बनाउन छुटिएको र भएका कतिपय फोटोहरु पनि धमिलो भएकाले पढ्न सकिने अवस्थामा

थिएन । पछि मैले सन् १९८८ -८९ मा नेपालमा गई नेपाल रिसर्च सेंटर (Nepal Research Centre) मा अनुसन्धान गर्ने अवसर पाएँ । त्यसबेला मैले उक्त पाण्डुलिपिको खोजीगर्न थलेँ । यसै क्रममा मनवज्र बज्राचार्यसँग भेट भयो, जसले IASWR को परियोजनामा नेपालको तर्फबाट सहयोग गरेका थिए । उहाँसँग मञ्जुवज्रमुख्याख्यानको पाण्डुलिपि अध्ययन गर्ने र त्यसको तस्बीर खिच्ने मौका पाएँ । मलाई सम्झना छ, त्यो दिन डिसेम्बर १३, १९८८ थियो ।

यस प्रकाशनमा मैले पानाको बायाँ भागमा IASWR को पाण्डुलिपि र दाहिने भागमा टोकियो विश्वविद्यालयको पाण्डुलिपिलाई रोमन तेक्स्तमा प्रस्तुत गरेको छु । यो पाण्डुलिपि विषयमा मलाई १९८७ सम्ममा थाहा थिएन । साथै तुलनात्मक अध्ययनका लागि क्याम्ब्रिज विश्वविद्यालयको पाण्डुलिपि पनि संलग्न गरेको छु । यस पाण्डुलिपिसँग सम्बन्धित अन्य अध्ययनहरु पनि सन्दर्भ सामग्रीको रुपमा समावेश गरेको छु र अन्तमा बिब्लियोग्राफी राखेको छु ।

हालको नयाँ अध्ययनले यो कुरा स्पष्ट गरेको छ की, ज्ञानपादवंशका संस्कृत पाण्डुलिपिहरु तिब्बतमा संरक्षित छन् । तर, विदेशी अनुसंधानकर्ताहरुलई यसको अध्ययन गर्न दिइएको छैन । धेरैजसो चीनमा संरक्षित संस्कृत पाण्डुलिपिहरु चाइनिज विद्वानहरु सहितको युरो-अमेरिकी विश्वविद्यालय तथा अनुसन्धान संस्थानहरुको संयुक्त अनुसंधन परियोजना मार्फत प्रकशित हुने गरेका देखिन्छ । म जस्तो सानो निजी अनुसन्धान संस्थासँग आबद्ध

अनुसन्धानकर्ता चीन र अन्य देशका त्यस्ता संयुक्त परियोजनामा सहभागी हुन निकै गाह्रो छ । तर यदि जापानका अनुसन्धानकर्ताहरुले आफ्नो अनुसन्धान र तिनका निष्कर्ष अंग्रेजीमा प्रकाशन नगर्ने हो भने उनीहरुको अनुसन्धान तथा निष्कर्षहरु वैदेशिक अनुसन्धानका लागि उपयोगी हुँदा हुँदै पनि उपयोगमा नआई ओझेलमा पर्न जान्छ । त्यसैले नै मैले भारत-तिब्बती बौद्ध अध्ययनको यो जापान-अंग्रेजी द्विभाषी अभिलेख प्रकाशन गर्न प्रयास गरेको हुँ ।

अन्तमा, नेपालमा अध्ययन गर्नका लागि सहयोग गर्ने स्वर्गीय मनवज्र बज्राचार्य र नेपाल रिसर्च सेंटरका कर्मचारी, अन्य गुरुवर्ग तथा साथी लगायत सबैजनालई हार्दिक धान्यवाद ज्ञापन गर्न चाहन्छु । सहयोग गर्नेहरु मध्ये धेलैजसो बितिसकेका छन् भने नेपाल रिसर्च सेंटर आफै पनि अहिले अवस्थित छैन । सबैजनालाई यो प्रकाशन अर्पण गर्न नपाउँदा दुःख लागेको छ, तर म सदैव आभारी रहने छु । यस्का साथै अंग्रेजी अनुवादमा सहयोग सल्लाह दिनु भएका डा. इयन सिन्क्लियर Dr.Iain Sinclair प्रति म हार्दिक कृतज्ञता व्यक्त गर्दछु । स्युचि-इन विश्वविद्यालयका प्राध्यापक डा.सुदन शाक्यले परिच्छेद Postscriptको नेपाली अनुवाद गरी सहयोग गर्नु भयो । यस पुस्तकको प्रकाशन गर्न लागि अमुल्य सहयोग गर्नु भएका वातानाबे प्रकाशन कम्पनीको अध्यक्ष वातानाबे कियोशीलाई पनि हार्दिक आभार व्यक्त गर्दछु ।

20 जनवरी 2018

डा. किमिआकी तानाका

著者略歴

田中公明(たなかきみあき)

1955(昭和30)年、福岡県八幡市(現北九州市)生まれ。東京大学文学部卒(印度哲学専攻)、1984年同大学大学院博士課程満期退学。同大学文学部助手(文化交流)を経て、1988年(財)東方研究会[現(公財)中村元東方研究所]専任研究員。2008年、東京大学大学院より博士[文学]号を取得。2013年、学位論文『インドにおける曼荼羅の成立と発展』(春秋社)で鈴木学術財団特別賞を受賞。

東京大学(1992, 1994～1996, 2001～2004年)、拓殖大学(1994, 1998年)、大正大学綜合佛教研究所(2016年)、高野山大学(2016年)等で非常勤講師、北京日本学研究センター短期派遣教授(2003, 2010年)を歴任。現在(2018年)、富山県南砺市利賀村「瞑想の郷」主任学芸員、チベット文化研究会副会長。東方学院(2001年～)、慶應義塾大学(2001年～)、東洋大学大学院(2017年～)講師[いずれも非常勤]、ネパール留学(1988～89年)、英国オックスフォード大学留学(1993年)。韓国ハンビッツ文化財団学術顧問(1997～2015年)として、同財団の公式図録『チベット仏教絵画集成』第1巻～第7巻(臨川書店)を編集。密教、仏教図像、チベット学に関する著訳書(共著を含む)50冊、論文約150点。

詳しくは個人HP

http://www.geocities.jp/dkyil_hkhor/

を参照。

About the Author

Kimiaki TANAKA (b.1955, Fukuoka) is a research fellow at the Nakamura Hajime Eastern Institute, Tokyo. He studied Indian Philosophy and Sanskrit Philology at the University of Tokyo. He received a doctorate in literature from the University of Tokyo in 2008 for his dissertation entitled "Genesis and Development of the Maṇḍala in India." It was published in 2010 by Shunjūsha with financial support from the Japan Society for the Promotion of Science and was awarded the Suzuki Research Foundation Special Prize in 2013.

He has been lecturer at the University of Tokyo, at Takushoku University, at the Institute for Comprehensive Studies of Buddhism, Taisho University (Genesis and Development of the Mandala) and at Koyasan University (Genesis and Development of the Mandala), teaching Tibetan as well as courses on Buddhism. He studied abroad as a visiting research fellow (1988-89) at Nepal Research Centre (Kathmandu) and held a Spalding Visiting Fellowship at Oxford University (Wolfson College) in 1993. As a visiting professor, he gave lectures on Sino-Japanese cultural exchange at Beijing Centre for Japanese Studies in 2003 and 2010.

From 1997 to 2015, he was the academic consultant to the Hahn Cultural Foundation (Seoul) and completed 7 vol. catalogue of their collection of Tibetan art entitled *Art of Thangka*. He is presently (2018) lecturer at Tōhō Gakuin, in Art History at Keio University (Buddhist Iconography) and in graduate course at Toyo University (Esoteric Buddhism). He is also chief curator of the Toga Meditation Museum in Toyama prefecture, the Vice-President of the Tibet Culture Centre International in Tokyo. He has published more than 50 books and 150 articles on Esoteric Buddhism, Buddhist Iconography and Tibetan art. http://www.geocities.jp/dkyil_hkhor/

梵文『文殊金剛口伝』研究

平成30年9月13日　第一刷発行

著　者　田中公明

発行者　渡辺 潔

発行所　有限会社渡辺出版

〒113-0033

東京都文京区本郷5丁目18番19号

電話　03-3811-5447

振替　00150-8-15495

印刷所　シナノ書籍印刷株式会社

ISBN978-4-902119-29-9

Mañjuvajramukhyākhyāna, A ritual manual belonging to the Jñānapāda school of the *Guhyasamāja-tantra*

— Romanized Sanskrit Text and Related Studies —

Date of Publication: 13 September 2018

Author: Kimiaki Tanaka

Publisher: Watanabe Publishing Co., Ltd.

5-18-19 Hongo, Bunkyo-ku

Tokyo 113-0033 Japan

tel/fax: 03-3811-5447

e-mail: watanabe.com@bloom.ocn.ne.jp

Printer: SHINANO BOOK PRINTING Co., Ltd.

Distributor (Outside of Japan): Vajra Publications,

Jyatha, Thamel, P.O. Box : 21779, Kathmandu, Nepal

tel/fax: 977-1-4220562

e-mail: vajrabooks@hotmail.com

©Kimiaki TANAKA 2018 Printed in Japan

ISBN978-4-902119-29-9